스토리텔링

알까기 건배사 200

윤선달 엮음

도서출판 선암사

추천사

알까기의 원조 **최양락**

알까기는 무궁무진하다. 삶에 활력을 주는 지침서로 자리매김하고 있는 알까기 시리즈가 일본어, 골프에 이어 건배사까지 나왔다. 건전하고, 배려 깊고, 사랑의 마음까지 담긴 건배사를 통해 많은 이들이 공감대를 형성한다는 사실을 알았다.

까도 까도 끝이 없는 '건배사의 원조' 윤선달의 알까기 건배사. 남녀 지위고하를 막론하고 꼭 필요한 책이다. 일상생활 속 틀에 박힌 건배사가 아니라 그야말로 분위기를 제압할 수 있는 내용이 수두룩하다.

기가 막히고 코가 막힐 노릇이다. 이렇게 많은 건배사가 있다는 것이 단순한 구호가 아닌 한마디 한마디에 새로운 의미가 담겨 있어 보다 활기찬 술자리를 만들어 줄 것이 틀림없다.
이 책이 온 국민의 건배사 매뉴얼이 되기를 바란다.

프로야구 해설위원 **허구연**

건배사는 단숨에 사람들을 집중시켜 일사불란하게 잔을 부딪치게 만드는 폭발력을 가지고 있다. 건배사 제의를 받으면 우선 긴장이 된다. 외우기 쉽고, 의미있는 알까기 건배사를 미리 준비한다면 즐거운 음주문화 정착에 일조를 할 것 같다.

배려심이 들어있는 알까기 건배사는 재미도 있거니와 유익하다. 게다가 삶의 묘미까지 들어있다. 무의미하게 술만 마시기보다 적절한 건배사를 들어 술맛도 나고 분위기도 정겹게 되니 비즈니스에도 큰 도움이 될 것이다.

사랑의 마음을 전할 때도 안성맞춤이다.
상황에 맞는 건배사 하나가 그날의 분위기를 좌우한다.
이 책을 통하여 짧고 임팩트 있는 몇 가지 건배사를 기억해 둔다면 어떤 모임에서라도 기꺼운 스타가 될 수 있으리라.

술잔을 들면서

언제부턴가 '약은 약사에게, 진료는 의사에게, 건배사는 선달에게' 라는 칭호를 듣게 되었다. 그리고 많은 행사에서 변형한 개그 콘서트 '달인을 만나다' 코너를 맡았다. '오늘 이 시간에는 16년간 건배사만 연구해온 건배구호의 달인 주당 윤선달.'
회가 거듭될수록 요령도 생겨 상황에 어울리는 스토리를 만들게 되었다.
건배사 특강의 기회도 주어졌다.
상황 전체를 다양하게 묶어 스토리텔링으로 진행했다.
뿐만아니라, 매주 한번씩 보내는 '월요일 아침을 여는 윤선달의 행복한 하루' 를 통해 하나씩 내보냈는데 반응이 좋았다.
삼십 여회 나가자 책자로 만들었으면 하는 바램들이 있었다.
이 책을 통하여 건전한 음주문화가 정착되어 모두 밝은 생활로 이어졌으면 좋겠다.
많은 격려를 해 주신 이종희 전.대한항공 총괄사장님, 동원그룹 김재철 회장님, 동일토건 고재일 회장님, (주)귀뚜라미 최진민 회장님, 세계미래포럼 이영탁 이사장님, (주)한샘 최양하 회장님, 한국공인회계사회 강성원 회장님, 지휘자 금난새 선생님, 홀인원 4회 주인공 이신 (주)삼천리 김경이 부회장님, 선암사 식구들에게 감사의 인사를 올린다.

2011. 11. 11 **윤 선 달**

알까기 건배사 200 찾아보기

추천사(최양락, 허구연) 2
술잔을 들면서 4
비즈니스를 위한 술자리 에티켓 9
건배사 요령 10

16가지 상황별로 본 건배사 200 14

1. 신년에는 '스마일' 14
스마일, 우하하, 모바일, 웃기시네, 새신발, 너나잘해, 신대방, 원더풀, 너의 미소, 시미나창

2. 21세기 리더 CEO는 '고도리' 18
고도리, 남행열차, 아사가오리

3. 골프장에서 '올버디' 20
올버디, 올파, 올보기, 올통통통, 통마늘, 올파파, 올버D, 일파만파, 용용용, 내시경, 3쾌, 3찬, 3풀, 3껄, 3세, 3관5림, 소취하 당취평

4. 사나이는 '사우나' 24
사우나(남탕, 여탕), 사우디, 아우디, 아저씨, 초코렛

5. 21세기는 오씨의 전성시대 26
오바마(연말연시, 남친, 여친, 애처가, 룸싸롱, 연회장, 밤, 복습), 이명박, 오아시스

6. 21세기 네트워크시대에 가장 걸맞은 '마당발' 30
마당발(발전,발정), 사서함, 메세지, 끈끈끈

7. 우리 국민정서에 가장 알맞은 '뚝배기' 32

뚝배기, 마돈나(배려, 섹시, 애처가), 돈키호테, 우거지, 고사리, 유기농, 막걸리, 주전자, 자전거, 참이슬(1,2), 참소주, 처음처럼, 초심, 여시, 초보자, 복분자, 소백산맥, 포도주(1,2) 고량주, 생맥주, 오징어, 땅콩, 고구마, 소세지, 오이지, 단무지

8. 88한 젊은 오빠는 '9988-234' 38
9988-234, 9988-238, 9988-오징어, 청바지, 나이야가라, 오래살자, 싱글싱글-벙글벙글, 인생은 안단테-사랑은 비바체,

9. 부부동반에는 '여보당신' 40
여보당신, 아이오유, 부자유친, 사이다, 당신멋져(관리, 영업), 멋져불어(이브몽땅), 멋지당께, 각국의 건배사(14)

10. 여성들의 선망의 대상 '해당화' 42
해당화(착한남편, 못난남편, 약한남편), 개나리(낮, 밤1,2), 진달래(색시, 섹시), 맛소금(애인, 부인)

11. 여성들이 좋아하는 '남존여비' 44
남존여비(공처가, 애처가, 경처가, 간큰남자), 이승여비, 여필종부, 부가가치세

12. 만남의 소중함은 '당나귀' 46
당나귀, 당기나기, 리멤버, 야생마, 적토마, 천리마, 쭈욱, 아나바다, 사이다

13. 직업별 건배구호 48
파란만장 억억억, 우하하, 절약적금, 일십백천만, 고진감래, 상한가, 우문현답, 대구은행, 번지점프, 신토불이, 모내기, 주경야독(야동), 과일주스, 유쾌한 6회, 금이야 옥이야, 사기진작, 기숙사, 공무원, 환영회, 신세계, 세콤달콤, 용광로, 변호사, 모닥불, 가수(원더걸스, 소녀시대, 티아라, 정거장, 어머나, 무조건, 무시로, 나그네, 소나기), 비너스, 오뚜기, 비타민, 박카스, 활명수, 소화제, 마취제, 진통제, 방송국(무한도전), 영화배우(빠삐용, 빠삐따, 미용사), 뮤지컬배우(하쿠나 마타타), 문인(화향백리, 주향천리, 인향만리), 마

징가, 가구점(우아미), 정원사(소나무, 대나무, 무화과, 야생화), 등산객(남한산성, 유산소, 팔공산, 영양소), 조폭(마피아, 알부민, 예 형님1,2), 예 누님, 룸싸롱(지화자, 거시기, 머시기, 성행위, 아우성, 우행시), 성철스님(이게 술이가), 무소유, 나는니가-너무좋아, 비행기, 노발대발, 개나발 1,2, 당나발

14. 현대인은 '세우자' ······ 60
세우자(아나로그, 디지털), 재건축(중년, 청년), 생활건강

15. 스토리 건배사 ······ 62
골프는 굿샷, 드라이버는 멀리, 다타호신 소타호심, 스트레스여 가라 – 행복이여 오라, 숏 – 골인, 매출은 올리고 – 핸디는 내리고, 반갑다 친구야, 힘내라 친구야, 오늘은 내가쏜다, 인생은 미완성, 가감승제(+-×÷), 이사우, 샐러드, 가자가자 – 하나로, 세계로 – 미래로, 산으로, 잔디로, 세미나, 얼씨구 절씨구, 김세환, 최백호, 이장희, 설운도, 사모해요 삼호, 최여사, 비우 내리, 우리가 남이가, 우리 가족같이, 혼자가면, 존경합니다 스승님, 잘났다 친구야, 동백꽃

16. 끝내기는 '변사또' ······ 68
초가집, 119, 2222, 나가자, 마무리, 이기자, 철저마침, 고감사, 니나노, 변사또

• 참고자료
장진주사(정철), 마스터키, 월하독작(이태백), 명심보감(구양수), 송춘사(왕유), 웃음소리, 긍정의 힘, 술잔을 들며(백거이), 사기(이사열전), 오리시리즈, 3D, 남자가 하지 말아야 할 네 가지, 골프와 자식의 공통점, 은퇴후 거치는 5개 대학, 롱타임 부씨, 3김 시대, 21세기는 오씨의 전성시대, 오아시스, 님과 벗(김소월), 10개 쌍기역, 7개 피읖, 공통점, 혈액형으로 본 성격, OB, 벗과 함께 이 밤을(이백), 각국의 건배사, 햇갈립니다의 7개국어, 꽃의 말(황금찬), 설경(김삿갓), 남존여비, 삼식 세 끼, 말이 싫어하는 것, 포스코, 설(雪, 김삿갓), 비 시리즈, 대랑군(능운), 야매와 사이비, 행복(나태주), 100점, 고추사탕, 사모(조지훈), 답설야중거(서산대사), 풀꽃(나태주), 노래방, 무심한 사람, 소금이 짜서

부록(넌센스 퀴즈 1,000) ······ 70

16가지 상황별 건배구호 베스트 200

회식자리나 행사장에서 사용할 만한 다양한 건배구호를 알아 두자. 갑자기 건배사를 지목받았을 때 당황하지 않고 자연스럽게 제창할, 상황에 어울리는 몇 개의 건배구호를 알아 두면 매우 요긴하다.

건배의 유래에 있어서는 여러 가지 설이 있다.
중세인들은 술에 정령이 있어 술을 마실 때 정령이 몸 안으로 들어와 재앙이 온다고 생각했다.
그래서 마시기 전에 "짱"하는 소리를 내면 마귀를 쫓을 수 있다고 믿었다는 것이다.
또 다른 설은 로마시대에 상대방이 독을 타지 않았을까 의심하지 않도록 단숨에 술을 마심으로써 독주가 아님을 확인했다는 것이다.
유래야 어떻든간에 함께 잔을 비우는 행위와, 잔이 부딪치는 소리는 서로의 마음을 통하게 하는 효과가 있다.
그러므로 건배사에는 암암리에 행운과 발전을 비는 기원이 담긴다.
분위기를 띄우는 폭죽과 같은 효과도 있다.

비즈니스를 위한 술자리 에티켓

- 건배잔은 좌장이 제일 높이 들어서 하며 잔을 부딪칠 때에도 좌장의 잔보다 조금 밑에 부딪치는 것이 예의다.
- 건배자리에서 술을 먼저 마시고 내려 놓는 것은 실례다.
- 어려운 자리에서 술잔을 받을 때는 두 손으로 받아서 상체를 돌려 마시는 것이 예의다.
- 술잔을 권할 때에는 술병, 주전자 등을 준비하여 오른손이나 두 손으로 빈 술잔을 건넨 다음 오른손 등이 위로, 왼손은 밑에서 받치듯 술병을 감싸 쥐고 공손하게 하며 소주인 경우는 약 7홉이 되도록 따른다.
- 왼손으로 술을 따르거나 왼손으로 술잔을 건네는 것은 상대방에 대한 결례다.
- 윗사람이 권하는 술은 꼭 받아서 입술을 축이거나 받는 즉시 마시는 것이 예의이며 마신 잔은 곧바로 따라 준 사람에게 주는 것이 예의다.
- 술잔을 돌릴 때에는 물컵에 담궈서 이물질, 립스틱 등을 제거한 후 휴지 등으로 닦아서 권하는 것이 예의이며, 물수건으로 닦아 건네는 것은 비위생적이므로 상대방에게 불쾌감을 줄 수 있다.
- 귀한 분들과 술자리를 할 때는 좌장이 일어설 때까지 함께하여 끝마무리를 하는 것이 예의다.
- 술 마시는 자리는 짜증나며 듣기 거북한 말 등은 피하고 술자리에 참석한 사람이 공감할 수 있는 가볍고 재미있는 대화로 분위기를 돋운다.

행사에 앞서 건배사 요령을 설명하면 더욱 좋다.

건배사 요령

수상자는 폭탄주를 한 잔 받고, 폭탄사를 한 다음 건배구호를 외치고 다같이 건배한다. 사전에 공지했던 건배사에 대한 요약을 한다.

1. 건배사를 위한 덕담과 건배구호를 한두 개쯤 구상해둔다.
2. 건배 제의를 요청받으면, 지나치게 사양하거나 못한다고 거부하지 않는다.
3. 건배사는 너무 길지 않아야 한다.
4. 건배구호는 이미 앞에서 나온 것이 중복되지 않도록 유심히 들어둔다.
5. 건배구호는 지나치게 평범하거나 무의미한 것보다는 유머감각을 나타내는 자신의 인생관을 담는다.
6. 다른 사람이 건배 제의를 하고 있을 때는 옆사람과의 잡담을 삼가고 시선을 건배 제의자에게 보낸다.

옛날부터 우리 조상들은 풍류를 즐겨왔다.
송강 정철의 장진주사(將進酒辭)를 보면 더욱 그렇다.

장진주사 - 정철 -

술 한잔 먹세 그려, 또 한잔 먹세 그려.
꽃나무 가지 꺾어서 잔 수를 세어가며 무진무진 먹세 그려.
이 몸 죽은 후면, 지게 위에 거적으로 덮어 졸라매고 가거나,
아름답게 꾸민 상여 뒤에 많은 사람들이 울며 뒤따르거나,
억새, 속새, 떡갈나무, 백양숲에 가기만 하면,
누런 해, 흰 달, 굵은 눈, 소슬바람 불 때, 누가 한잔 먹자 할까?

우선, 건배사를 어떤 마음으로 해야 하는가는 **건·배·사** 세 글자에 나타나 있다.

건전하고
배려하고
사랑하는 마음으로!

흔히 외치는 **위하여**는 **위**(上) · **하**(下) · **여**(如)의 의미로 위 아래 나이나 직책, 신분 등을 따지지 말고 허심탄회하게 한잔 하자는 의미로 해석될 수 있다.
상사분이 아무 의미없이 '위하여'를 외쳤을 경우 자존심을 세워주고 배려하는 의미로 '위하여'의 의미를 보충해서 설명하면 좋다.

위하여는 결국 **'마스터키'** 였군요.
마음껏
스스럼없이
터놓고
키워주며 마시기

마스터키
한 여자가 선생님께 물었다.
"왜 여자는 여러남자와 사귀면 나쁜 女라고 말하고, 남자가 여럿 여자를 사귀면 능력있는 남자라 하옵니까?"
그러자, 선생님께서 대답했다.
"자물쇠 하나가 여러개의 열쇠로 열린다면 그 자물쇠는 쓰레기 취급을 당할 것이며, 열쇠 한 개로 많은 자물쇠를 열 수 있다면 그건 바로 '마스터 키'로 인정받는 이치와 같으니라."

이태백의 월하독작을 음미 해 보자.

월하독작(月下獨酌) - 이태백 -

꽃 사이에 앉아 혼자 마시자니
달이 찾아와 그림자까지 셋이구나
달도 그림자도 술은 마시지 못하지만
그들과 더불어 이 봄밤을 즐기리

어떤 이는 **'위하여'** 의 해석을 달리하기도 한다.
위기를 기회로 삼는 사람
하면 된다는 신념으로 사는 사람
여기 계신 바로 여러분입니다.
이를 디지털 버전으로 줄이기도 한다.
위기를 기회로 **하**면 된다 **여**러분 화이팅

정치권으로 가면,
여당은 위하여! 야당은 위하야!
남녀평등 아닌 여남평등사회에서는
여자는 위하여! 남자는 위하자!

채근담에 나오는 글도 인용해 보자.

花發半開 酒飮微醉(화발반개 주음미취)

꽃도 반쯤 핀 봉오리가 아름답듯,
술은 얼큰할 정도로 취해야 아름답다.

학교로 가 보면,
서울대는 위해서!
연세대는 위하세!
고려대는 위하고!
이화여대는 위하리!
그러나 선달이 제안한 '위하리' 보다 더 나은 이화여대 건배사는 바로 **'이화여'**

성균관대학이 '태평 성대' 라고 하자,
한양대학교는 '사랑 한대이' 라고 응수.

명심보감 언어편에 나오는 글 하나.
주봉지기천배소(酒逢知己千杯少)요
화불투기반구다(話不投機半句多)니라
정든 친구와 술을 마시면 천 잔도 적으나
의기투합하지 않는 친구와 나누는 대화는 반 마디도 많다.

명심보감 언어편 두 줄의 순서를 바꾸었으면 하고 딴지를 거는 선달.

송춘사도 한 구절 음미 해 보자.

송춘사(送春詞) - 왕유(王維) -

사람은 날마다 헛되이 늙어 가는데
봄은 해마다 어김없이 돌아 오누나
마음껏 즐기세 술단지에 술 있으니
꽃이 흩날리는 것을 아쉬워 말고

세종대왕이 만든 고등학교는 가갸거겨고교, 세종대왕이 만든 우유는?

1. 신년에는 '스마일'

올해는 신묘년 토끼해.
토끼는 귀를 잡으면 꼼짝 못합니다.
닭은 날개를 잡으면 꼼짝 못하지요.
닭의 목이나 다리를 잡으면 꼼짝 못한다고 생각하는 사람은 큰 오산이예요.
뱀은 목을 잡으면 꼼짝 못하는데,
사람은 무엇을 잡으면 꼼짝 못하지요?

.....
바로 '마음' 입니다.
'세상일이 마음먹기에 달렸다' 고 하지 않습니까?
사람의 마음을 잡기 위해서는 웃게 만들어야 합니다.
웃음은 바로 '스마일' 이지요.
그래서 건배사도 **'스마일'**
스쳐도 웃고 **마**주쳐도 웃고 **일**부러 웃자
어떤 이는 '맞아도 웃고' 라고도 하네요.

'Fun 경영' 전도사 전승훈(**전**쟁에서 **승**리하면 **훈**장주죠) 박사의 특강에 의하면 억지로 웃어도 80%의 효험이 있다고 합니다.

정답 : 배터리(배털이)
누구나 즐겁게 웃으며 읽는 글은 싱글벙글, 계절과 상관없이 사시사철 피어 있는 꽃은?

올해도 웃음 넘치는 한 해가 되길 바라는 의미에서 건배사로 '스마일' 하면 함박웃음(**함**성과 **박**수와 **웃음**) 지으며 '스마일' 해 주십시오.

"스마일"

행복해서 웃는 것이 아니라 웃기 때문에 행복하다고 하네요.

'세월은 피부를 주름지게 하지만 저버린 열정은 영혼을 주름지게 한다' 고 하지요.

여러분은 항상 열정을 가지고 늘 웃는 한 해가 되시길 기원합니다.

호탕한 웃음에는 **'우하하'**

우리는 **하**늘아래 **하**나다

기독교인들은 '**우**리는 **하**나님아래 **하**나다' 라고 하네요.

컨버전스 시대에는 융합이 좋답니다.

'스마일' 하면 '우·하·하' 를 스타카토(음을 하나하나 짧게 끊어서)로 화답하면 더욱 분위기가 살겠지요.

신년에도 **모바일** 없이는 하루도 못살지요

모든것이 **바**라는대로 **일**어나라

정답 : 아야어여오요우유

우유가 웃으면 빙그레, 소가 웃으면?

'웃기시네' 도 우습네요.
웃음과 **기** 쁨과 **시**원함 **네**게로

신년에는 **'새신발'** 신고 마음껏 뛰어 보자
새롭게 **신**나게 **발**랄하게
'너나잘해' 가 있는데,
너하고 **나**하고 **잘** 나가는 **해**가 되자.
'너나' 하면 '잘해'
'너나 잘해' 라는 안 좋은 인상이 풍기지 않도록 주의.

'신대방' 도 멋있는 건배사 입니다.
신년에는 **대**박 맞고 **방**긋 웃자.
신년이 지나면 '**신**나게 **대**박 맞고 **방**긋 웃자' 교체하면 되지요.
"신대방" 하면 "신대박" 으로 받아 주면 더욱 신이 나지요.

원더풀도 Wonderful!
원하는 것보다 **더** 잘 **풀**리자

긍정의 힘(The Secret)
Impossible을 I'm possible로,
Dream is nowhere를 Dream is now here로,
stressed를 desserts로,
CO_2를 See O_2로,
'내 힘들다' 를 '다들 힘내'
'자살' 을 '살자' 로 'NO' 를 'ON' 으로

정답 : 웃음꽃
두 발 달린 꽃는 이발소, 가장 이쁜 꽃는?

너의 **미소**도 멋있네요.
너그럽고 **의**리있고 **미**워말고 **소**통하자.

새롭게 사업을 시작하는 개업식에는 **'시미나창'**
시작은 **미**약하나 **나**중은 **창**대하리라.

웃음 소리

사과가 웃으면? 풋사과
고추가 웃으면? 풋고추
칠판이 웃으면? 킥 보드
웃다가 웃으면? 하이킥
축구공이 웃으면? 풋 볼

허구연 위원은 허허허　하일성 위원은 하하하
허정무 감독은 허허허　히딩크 감독은 히히히

웃음을 잃었다면 정주영 회장께서 스트레스를 받았을 때 자주 음미했다는 시를 음송해 보는 것도 좋다.

술잔을 들며 – 백거이 –

달팽이 뿔위에서 무엇을 다투는가
부싯돌 불꽃처럼 짧은 순간 살거든
풍족한대로 부족한 대로 즐겁게 살자
하하 웃지 않으면 그대는 바보

정답 : 우하하
사과가 웃으면 풋사과, 곰돌이 푸가 웃으면?

2. 21세기 리더 CEO는 '고도리'

시이오(CEO)란 '**시**원하게 **이**끌어 주는 **오**빠'를 말한다.
요즈음 CEO는 Chief Executive Officer가 아니라
Chief Entertainment Officer.
과거에는 CEO의 덕목이 KTF(Knowledge – Technique – Fun)
순이었는데, 이제는 Fun이 우선이라고 해요.
FTA(Fun – Technique – Action).

과거에는 Fun을 경박하게 보는 시각도 있었지만, IT시대에는 경박(輕薄)을 추구하지요.
가벼워야(輕) 한다, 얇아야(薄) 한다(갤럭시 탭, 아이패드).
또한, CEO를 '25시간 고객을 섬기는 서번트 리더'라는 의미로 C25(C는 Customer)라고 쓴다고 하네요.

디지털시대 CEO의 조건

1. 취미는 '**고도리**'
고통 참으며 **도**전 즐기는 **리**더
안분지족(安分知足)하지 않고 모험정신으로 도전하는 리더
'고도리' 하면 세 번 복창하는 데 마지막은 스타카토로.

2. 운행수단은 '**남행열차**'
남다른 **행**동과 **열**정가진 **차**세대 리더
'남행' 하면 '열차'로 화답한다.
그런데, 정권말기에는 이렇게 바뀐답니다.
남은 기간 **행**동 조심하고 **열**심히 일해서 **차**기 정부에 발탁되자.

정답 : 미노
오리만 먹는 날은 오리지날, 오리를 날로 먹으면?

3. 음식은 **'아사가오리'**

아끼고 **사**랑하며 **가**슴에 **오**래남는 **리**더

머리의 이성이 아닌 가슴의 감성을 가진 리더인데,

리더(Leader)는 포용력을 지닌 뤼더(Reader)이기도 하지요.

'아사' 하면 '가오리' 로 화답한다.

포용력을 주제로 한 사마천의 사기 이사열傳 한 수 음송한다.

泰山不讓土壤 故能成其大(태산불양토양 고능성기대)

태산이 높아진 것은 한줌의 흙도 마다하지 않았기 때문에 그 높음을 이룰 수 있었으며,

河海不擇細流 故能就其深(하해불택세류 고능취기심)

하해가 깊어진 것은 작은 시내도 가리지 않았기 때문에 그 깊음을 취할 수 있었다.

오리시리즈

집에서 살림만 하는 아내는? ………………………… 집오리.

돈 벌어 오라고 바가지 긁는 아내는?…………… 탐관오리.

직장 다니며 100만~200만은 버는 아내는?…… 청둥오리.

직장에서 연봉 1억 이상 버는 아내는? ………… 황금오리.

재산을 사이비종교에 헌납한 아내는? ……… 주께 가오리.

용돈을 줘 가며 바람 피는 아내는? ………… 어찌 하오리.

애인이 준 용돈으로 살림에 보태 쓰는 아내는? 아싸 가오리.

정답 : 푸하하, 까르푸

햄버거를 좋아하는 오리는 맥도날드, 먹으면 기분이 좋아지는 오리는?

3. 골프장에서 '올버디'

골프장에서는 스타트하우스가 있고, 그늘집이 있으며, 연회장이 있다. 그늘집에서 '자! 반갑습니다' 하고 그냥 잔을 부딪히기에는 너무 썰렁하지 않을까요?

전반 그늘집에서는 '꿈은 원대하게' 희망을 안고 꿈의 숫자인 **'올 버디'** 를 외쳐 보세요.
올해도 **버**팀목이 되고 **디**딤돌이 되자
'올' 은 'ALL' 과 '올해도' 라는 의미가 있지요.
선임자가 '올' 하면 다같이 '버디'
그 후부터 모두가 한마음으로 버디(벗이) 되겠지요.

올버디는 18홀 내내 버디를 잡자는 의미가 아니라 18홀 동안 각각 하나씩은 버디를 잡자는 의미

전반 라운드를 마치고 파전안주에 막걸리를
마시면서 힘차게 **'올 파'** 를 외쳐 보세요.
올해도 **파**이팅!
"올" 하면 "파이팅"

후반 그늘집에서는 겸손한 **'올 보기'** 를 하면 보기 좋습니다.
올해도 **보**람차고 **기**분좋게
'올' 하면 다같이 '보기'

어떻습니까? 한결 라운드가 즐거워지지 않겠습니까?

정답 : 회오리
테니스를 탈퇴하고 골프로 돌아온다' 를 사자성어로?

OK 거리가 아닌 홀 속에 쏙 들어가는 **올통통통**이 최고지요.
의사소**통**, 운수대**통**, 만사형**통**
'올' 하면 다같이 '통 · 통 · 통(스타카토로)'
의사들은 '탈이 없고 아픔이 없다'는 무탈무**통**, 통신사들은 전화 한 **통**,
개그맨들은 요절복**통**, 점쟁이는 신통방**통**이 추가된다네요.
통신사도 신통방통(新통放통)?

그런데, 민족문화콘텐츠연구원 박재희원장의 '**통통통**'은 달라요.
궁즉**통**(窮卽通), 허즉**통**(虛卽通), 변즉**통**(變卽通).
통마늘로 건강 챙기시고 소통하세요.
통하는 **마**음마음 **늘** 한결같이

그 밖에 골프장 건배사를 몇 개 더 소개하면,
올파파 **올**해도 **파**이팅하고 **파**이팅하자
올버디 **올**해도 (욕심을)**버**리고 **D**이게 건강하게
일파만파 **일**명이 **파**이팅하면 **만**인이 **파**이팅한다

흑룡의 해에는 '**올 용용용**'도 좋겠네요.
건강해 **용**! 감사해 **용**! 사랑해 **용**!

내시경찍는 의사들은 네 시경부터 마시는 것은 아니겠지요?
내잔부터 **시**원하고 **경**쾌하게

남자가 하지 말아야 할 네 가지
초년성공, 중년상처, 노년무전 그리고 첫 홀 버디 & 전반 OECD

정답 : 육회
'비가 오면 환자가 없다'의 사자성어가 유비무환인데, '의사가 조금 아프다'는?

통신회사 카피를 인용한 '3쾌(유쾌, 통쾌, 상쾌)' 와 유사품 **'찬찬찬'** 과 **'풀풀풀'** 은 이런 것입니다.

희망**찬** 활기**찬** 가득**찬**

파워**풀** 원더**풀** 석세스**풀**

'껄껄껄' 과 **'세세세'** 도 알아 두면 좋아요.

참을 **껄** 베풀 **껄** 즐길 **껄**

참으**세** 베푸**세** 즐기**세**

이참에 음양오행설에서 발견했다는 한국관광공사 이참 사장의 **3관 5림**도 활용하면 좋겠네요.

3관 관찰, **관**심, **관**계

5림 떨**림**, 끌**림**, 어울**림**, 울**림**, 몸부**림**

옛날에는 이태백, 삼팔선, 사오정, 오륙도, 육이오였는데,

요즘은 **삼일절, 이구백, 청백전**

삼일절 삼십일세되면 절망이다.

이구백 이십구세도 백수가 있다.

청백전 청년백수 전성시대

골프와 자식의 공통점

1. 시키는 대로 잘 안 된다.
2. 공을 들이면 좀 낫다.
3. 팰수록 더 안 된다.
4. 머리 때리면 집 나간다.

정답 : 환골탈퇴

임금은 king, 임금이 넘어지면 킹콩, 임금의 아버지는?

백수가 과로사한다는 말이 있지요.
그래서 백수가 되면 WHO(세계보건기구)에 가입해야 하는데, 새로 생긴 WHO가 있다.
White Hand Organization, 다시 말해서 '전국백수연합회'
WWW(White Water World)도 전백련(?) 소속이겠지요.

백수가 반드시 가입해야 할 또 하나의 기구가 바로 PGA랍니다.
PGA(Pyungil Golf Association, 평일골프협회)
비가 와서 공(?)치는 날 고스톱치는 PGA(Play Godori Anytime)도 신설되었다고 하네요.

비가 오는 날이면 소주 한 잔 걸치며 **'소취하 당취평'** 을 외치지요.
소주에 **취**하면 **하**루가 즐겁고
당신에 **취**하면 **평**생이 행복해
중국어처럼 '소~취하' 하면 '당~취평' 으로 화답하면 분위기 만점

매취순 정취평도 있네요.
매실주에 **취**하면 **순**간이 즐겁고, **정**에 **취**하면 **평**생간다

은퇴후 거치는 5개 대학
⊙1년차는 하바드대(하루 종일 바쁘게 드나든다).
⊙2년차는 하와이대(하루종일 와이프와 이야기 한다).
⊙3년차는 동경대(동네 경로당에 간다).
⊙4년차는 방콕대(방에 콕 박혀 있는다).
⊙5년차는 동남아대(동네 남아서 아이들과 논다).

정답 : 의사소통
공이 남아 도는 나라는 남아공, 사오정 나라의 국기는?

4. 사나이는 '사우나'

처음 만났을 때 서먹서먹한 분위기를 없애는 건배사는 바로 **'사우나'** 사우나 외교가 있듯이, 사우나에 들어가면 모든 것을 숨김없이 보여 주기 때문에 허심탄회하게 대화를 할 수 있다.

우선 남탕 버전을 보면,
사나이의 **우**정을 **나**누자.
여탕 버전은
사랑과 **우**정을 **나**누자.

스포츠센타 CEO를 맡고 있는 친구는 회사 회식자리에서 무조건 처음부터 끝까지 '사우나' 로 한대요.

그런데, 사우나보다 더 끈끈한 것은 바로 **'사우디'** 라고 하네요.
사나이의
우정을
D질때까지!
'사우디' 로 구호를 외치면 감흥이 없기 때문에 이렇게 한다.
'사나이의 우정을' 선창하면 **'D질때까지'** 로 복창해야 분위기 만점.

뒤질세라 옆에 있던 아주머니들은 **'아우디'** 를 한대요.
아줌마들의
우정도
D질때까지
남자들이 **'사우디'** 하면, 여자들은 **'아우디'** 로 해도 재미있다.

정답 : 부킹(붓킹=booking)
요리재료 중 긴 것은 김, 더 긴 것은 참기름, 김이 가장 많이 나는 곳은?

이 세상은 남자, 여자
그리고 아줌마로 구분된답니다.

아저씨는 송년회에서 빼놓을 수 없는 건배사지요.
아자 아자
저무는 한 해 잊고
시작하자 새롭게!

송년회장에는 **초코렛**도 좋아요.
초이스 좋아요
코러스 멋지고
렛츠고 땡겨요

얼마 전 어느 CEO과정 주임교수가 해병전우회 모임을 하고 있던 중 잘 어울리는 건배사를 추천해 달라는 전화가 왔다.
전우회에는 '사우디' 가 안성맞춤이라고 추천했다.
그 날은 '사우디' 로 시작해서 '사우디' 로 끝날 정도로 분위기가 아주 좋았다고 하시더라고요.
며칠 지나 친구에게 그 얘길했더니 그 친구 또한 전우회에서 대박을 터트렸다고 하데요.

정답 : 보청기
비를 모르는 사람에게는 '너비아니', 가수 비에게 사우디를 아느냐고 물을 때는?

5. 21세기는 오씨의 전성시대

얼마 전 **'오바마'** 라는 건배사를 잘못 사용해 곤욕을 치른 사건이 있었다.
건배사는 때와 장소를 가려야 의미와 효과가 있다.

연말연시에 가장 어울리는 건배사가 바로 **'오바마'** 이다.
오래오래
바라는대로
마음먹은대로

남친과 여친은 입장이 다를 밖에요.
남친 버전 **오**빠가 **바**래다 줄테니 **마**셔
여친 버전 **오**빠 **바**람 피우지 **마**세요

성희롱 문제가 되었던 룸싸롱 버전은 바로 이 말이라지요.
오빠
바라만 보지 말고
마음대로 하세요

그러기에 반드시 때와 장소를 가려야 한다구요.

정답 : 목욕탕
오뎅을 다섯글자로 늘리면 뎅뎅뎅뎅뎅, 태풍을 여섯 글자로 하면?

애처가들은 이렇게 외친답니다.

오직

바라만 보는 것은

마누라 뿐!

연회장에서는 **이명박** 대통령께서 이렇게 영접한대요.

이 좋은 날에

명랑하게

박수치며 즐기자.

그러자 **오바마** 대통령이 짧게 받아쳤대요.

오는 잔

바로바로

마시자(원 샷!)

"이명박" 하면 "오바마"로 화답합니다.

"**어명이요**" 하면 "**원 샷**" 하는 것도 재미있는 건배사

오바마를 외치면 밤이 즐거워져요. **오~ 밤아**

오늘 배운 것

바로바로

마음에 새기세요.

정답 : 사우디아라비아

밤송이가 따가와서 가시를 잡다를 줄이면?

21세기는 오氏의 전성시대!

미국에는 오바마,
골프에는 오초아,
야구에는 오승환,
방송에는 오프라 윈프리.

하氏 종친회에서 세상에서 가장 높은 성은 하氏라고 항의하네요.
'하느님'
그러자, 오氏 종친회에서 내 놓은 답변.
그래도 하느님을 외칠 때에도 오氏가 앞서지요.
'오~ 하느님'

롱타임 부씨

부시 대통령이 노 대통령에게 인사를 했다.
"롱타임 노씨(long time no see!)"
노 대통령의 응답은?
"롱타임 부씨"

정답 : 바람바람바람
오비(5B)란?

오아시스도 오씨네요.
오늘도 **아**름다운 **시**간속에 **스**며드는 곳.

사막에서 오아시스가 우리의 생명을 지켜주듯,
일본에서는 **오아시스**만 알면 아무 문제 없답니다.
오하요고자이마스(안녕하십니까)
아리가또 고자이마스(감사합니다)
시쯔레이시마스(실례합니다)
스미마셍(미안합니다, 감사합니다)

술자리에 어울리는 시 한 수

님과 벗 - 김소월 -

벗은 설움에서 반갑고
님은 사랑에서 좋아라
딸기꽃 피여서 향기로운 때를
고초의 붉은 열매
익어가는 밤을
그대여 부르라
나는 마시리

마지막 구절을 이렇게 바꾸면 더욱 흥이 나지요.
그대여 부어라
나는 마시리

정답 : 이 밤의 끝을 잡고
딸기가 직장을 잃으면?

6. 21세기 네트워크시대에 가장 걸맞은 '마당발'

21세기 네트워크시대에 가장 걸맞은 건배사는 바로 **'마당발'**
마주 앉은 **당**신의 **발**전을 위하여!
한국전력에서 이 건배사를 많이 사용한대요.
그러나 좋은 음식을 먹고 나서는 상황이 달라진다.
'**마**주 앉은 **당**신의 **발**정을 위하여' 로 바꿀 수 있는데, 시간과 장소를 가려서 하지 않으면 빽이 석대라는 것을 명심해야겠지요.

네트워크시대에 필수적인 **'사서함'**
사랑하고
서로 아끼고
함께 가자

요령은 '사서함' 으로 하면 신명이 나지 않는다.
그래서 "함께" 하면 "가자"로 복창.
복창하고 다같이 빽빠라송을 외치면 흥이 나지요.

천안함도 비슷하네요.
천천히 **안**전하게 **함**께 가자

메세지는 가장 중요한 통신수단.
메마른
세상에는
지성과 감성으로

가장 **지성**적인 스포츠 선수가 박**지성**이라고 하네요.

정답 : Booking, Ball, Bath, Beer, Bed
세상에서 제일 시원하고 화끈한 얘기는?

네트워크시대엔 무엇보다 **'끈·끈·끈'** 이 중요하지요.
업무 매**끈**, 술은 화**끈**, 우정은 따**끈**

빛의 속도로 변하는 이 시대에 갖춰야 할 덕목 10개는 쌍기역(ㄲ)

끈 네트워크, 신의, 인간관계
꿈 상상력, 비전, 희망
꾀 지혜, 재치, 순발력
꼴 브랜드, 믿음, 용모
끼 소질, 튀는 사고, 열정
깡 도전정신, 추진력, 끈기
꼭 긍정적 사고, 강력한 의지
꾹 기다리는 지혜와 인내
꽉 기회가 왔을 때 반드시 잡아라
꾼 프로정신, 집념, 제 1인자가 되겠다는 의지

시대에 따라 덕목도 변한다.

신세대를 살아 가는데 반드시 필요한 7개의 'ㅍ'

패 자신의 브랜드를 갖춰라
판 혈연, 지연, 학연, 직연을 발판으로 내 판을 만들어라
편 내 편을 확실히 챙기되 상대적으로 취약하면 저 편에 붙어라
필 공감할 줄 알아야 한다
폼 용모와 신언서판(身言書判)을 갖춰라
펀 내가 즐거워야 남을 즐겁게 할 수 있다
품 도량, 아량을 가지고 안되면 발품이라도 팔아라

정답 : 딸기시럽
혼자만 갈 수 있는 나라는?

7. 음식점에서는 우리 국민정서에 맞는 '뚝배기'

우선 우리 국민의 정서에 가장 잘 맞는 **'뚝배기'** 가 제격입니다.

뚝심있고

배짱있고

기운차게

뚝배기 만드는 회사에 제안했지요.

포장지에 넣어 홍보하라고.

뚝배기를 영어로 하면?

…

…

cut off(뚝~빼기)

그런데, 뚝~빼기는 여성들이 차암 싫어한다지요?

먼저 가는 동료를 배려하는 건배사가 바로 "뚝배기"

8,90년대 회식만 하더라도 2차로 옮길 때 상사가 말하기를,

"오늘은 열외없이 전원 2차 가야 해"

그러나 오늘날 그런 상사는 왕따당하기 십상.

진입과 퇴출이 자유로와야 다음 모임이 활성화된다.

그래서, 2차로 옮길 때는 이런 멘트가 필요하다.

"오늘 시간이 나는 분들은 가볍게 입가심하러 가고,

일이 있는 분들은 '뚝~빼기' 할테니까 먼저 가도 좋아요"

억지로 2차에 참여하기보다는 서로가 부담없이 즐길 수 있어야 한다.

정답 : 얼음공장에 불난 이야기

'사랑은 이제 그만' 을 한 글자로?

잠깐! 늦게 오신 분을 배려하는 '**마돈나**' 건배사도 있답니다.
마지막 오신 분이 **돈** 내고 **나**가는 모임
물론, 돈을 내게 할 수는 없지만, 자존심을 세워 주고 빨리 분위기에 섞이게 하는 배려이다.
실제로 남자들이 섹시한 '**마돈나**'를 선호하지요.
마시고 **돈** 내주고 **나**가는 분

애처가 버전도 있지요.
마누라 무서워 **돈** 내고 **나** 먼저 간다.
여성들은 우직한 '**돈키호테**'를 선호한대요.
돈많고 **키**크고 **호**탕하고 **테**크닉 좋은 남자

이룩할 수 없는 꿈을 꾸고,
이루어질 수 없는 사랑을 하고,
이길 수 없는 적과 싸움을 하고,
견딜 수 없는 고통을 견디며,
잡을 수 없는 저 하늘의 별을 잡자.

– 돈키호테 中에서 –

누가 그랬던가요?
'잠을 자는 자는 꿈을 꾸지만,
잠을 관리하는 자는 꿈을 이룬다'고.

유머작가 김재화 박사께서는 몽당연필(夢當然必, 꿈은 반드시 이루어 진다)을 주장하시네요.

정답 : 꿈나라
쓸수록 자꾸 늘어 가는 것은 빚, 이자없이 꾸는 것은?

뚝배기 안에 담긴 **'우거지'** 도 있어요.
우아하고 **거**룩하고 **지**성있게
'고사리' 가 들어간다면 더욱 웰빙식이 되겠지요.
고마워요 **사**랑해요 **이**해해요
유기농이 웰빙이네요.
유쾌하고 **기**분좋게 **농**담하며

막걸리 한 잔 안 할 수 없네요.
막힘없이
걸죽하게
리드미컬하게
막걸리는 우그러진 **주전자**에 담아야 제맛이에요.
주인답게 **전**문가로 **자**신있게

마케팅용 **자전거** 사촌 정도 되네요.
자신감과 **전**문성 갖고 **거**리로 나가자

막걸리는 너무 배부르다고 **참이슬** 두 종류를 찾네요.
참되고 **이**롭게 **슬**기롭게
참사랑은 넓게 **이**상은 높게 **술**잔은 평등하게

신제품도 나왔어요.
참 오래간만입니다.
이 순간을 오래기다렸습니다.
슬슬 드시지요.

정답 : 빠!
자전거를 싸이클, 자전거를 못탄다는 영어는?

참이슬은 참(CHARM) 매력적(CHARM)이지요.
Challenge 끊임없이 도전하면서
Humor 유머를 잃지 않고
Achieve 자기분야에서 성취를 이루고
Respectable 주위로부터 존경을 받으면서도
Manner 매너를 잘 지키는

지방에는 **참소주**가 있어요.
참되고 **소**탈하고 **주**인답게

취향에 따라 '**처음처럼**'을 찾을 수도 있겠지요.
"처음" 하면 "처럼"으로 할 수도 있겠지만,
처음~ 처럼, 한자로 풀어 보면,
'**초심**(初心)'도 좋고 '**여시**(如始)'도 좋지요.
때로는 세상을 지혜롭게 여시처럼 살 필요도 있겠네요.

가끔은 **초보자**의 마음으로 돌아가야겠지요.
초심대로 **보**폭짧게 **자**신있게
복분자도 한 잔 하셔야지요.
복잡해도 **분**노 잊고 **자** 한잔!

소주, **백**세주, **산**사춘, **맥**주로 만든 **소백산맥**도 있네요.
"소백" 하면 "산맥"으로

럭셔리하게 와인을 찾는 사람을 위한 '**포도주**'
포기말고 **도**전하라 **주**도면밀하게

정답 : 꿈
55도짜리 마오타이주와 45도 위스키를 섞어 마시면 몇 도가 될까?

포용력을 갖으라는 의미로 이렇게도 풀이하네요.
포용력있게 **도**량있게 **주**량껏!

중국음식에는 **고량주**가 제격이예요.
고분고분 **양**껏마셔 **주**사없게

아참, 시원한 **생맥주**도 있네요.
생생하고 **맥** 잘 짚고 **주**제맞게

정만 있는 것이 아니라 **우애**도 있는 종합선물세트도 있네요.
정신은 소주처럼 맑게
만남은 맥주처럼 풍성하게
우정은 양주처럼 찐하게
애정은 와인처럼 부드럽게
이 모든 것을 **위하여**

공통점

골프와 소주 끝날 때 홀로 끝나는 경우가 많다.
골프와 로또 끝나고 나면 종이쪽지만 남는다.
골프와 차량 전화받다가 망가진다.
골프와 정치 어깨 힘들어가면 끝장이다.
소주와 사랑 깨고 나면 남는 건 병뿐이다.

정답 : 모타 싸이클
임금이 넘어지면 킹콩, 엄마와 아들이 길을 가다가 넘어지면 모자이크, 닭이 넘어지면?

맥주 술안주로는 '**오징어**' 와 '**땅콩**' 이 제격이지요.
오징어 오래오래 **징**그럽게 **어**울려서
땅콩　**땅**이 꺼지도록 **콩**닥거리며 살자

'**고구마**' 도 좋은 안주예요.
고소하고 **구**수하고 **맛**있게

소세지 안주도 안성맞춤
소심하지 말고
세심하게
지금처럼 화이팅

소세지 사촌은 **오이지**와 **단무지**.
오늘처럼 **이**렇게 **지**내자
단순하고 **무**식해도 **지**성있게

혈액형으로 본 성격

혈액형에 대한 재미있는 비유가 등장했다.
甲형　소세지　소심, 세심, 知랄
乙형　오이지　오만, 이기, 知랄
丙형　단무지　단순, 무식, 知랄
丁형　지지지　知랄, 知랄, 知랄

'知랄' 은 '지성' 과 '발랄' 의 의미라나요?

정답 : 톨도
가장 무서운 음식은?

8. 88한 젊은 오빠는 '9988-234'

건강을 위해서는 **9988-234**가 제격이라지요.
99세까지 88하게 살고 2, 3일 앓다가 4일만에 가자는 구호인데, 2, 3일 앓아야 하는 이유는 해외에 간 자식들이 돌아 올 시간을 주자는 겁니다.
99세까지 88하게 살고 2, 3일 앓다가 88하게 다시 살아나는 **9988-238**이 되면 부럽겠지요.

하지만 9988이 아니라 88세까지 99하게 사는 8899는 곤란하겠지요?
9988-234보다 더 나은 행복은 '9988-복상사' 라고 하네요.

청바지를 입으면 젊게 보이지요. 왜냐구요?
청춘은
바로
지금

복상사 5단계

복상사도 5단계 계급이 있답니다.
1단계 매춘하다가 복상사를 하면 '횡사'
2단계 처음 만난 여자와 즐기다가 복상사를 하면 '객사'
3단계 과부와 즐기다가 복상사를 하면 '과로사'
4단계 애인과 즐기다가 복상사를 하면 '안락사'
5단계 아내와 즐기다가 복상사를 하면, '순직'

정답 : 닭 짱! (단무지)
다음 괄호에 들어갈 단어는?
개구리-양서류, 고래-포유류, 뱀-파충류, 오징어-(　　　　)

'나이는 숫자에 불과하다' 는 광고 카피처럼 한계를 뛰어넘어 새로운 것에 끊임없는 도전을 의미하는 **'나이야가라'** 도 있어요.
나이야가라 폭포앞에서 웃통을 벗고 두 팔을 번쩍 들며 외친다.
"나이야 가라"
'나이야' 하면 **'가라'** 를 외치면 됩니다.

오래살자도 있네요.
오늘도 **내**일도 **살**아가자 **자**신있게

오래오래 살기 위해서는 싱글벙글이 최고지요.
그래서 **'싱글싱글'** 하면 **'벙글벙글'**
연예인 골프 모임 이름이 '싱글벙글' 이라고 하네요.

골프는 **'싱~글싱글'**, 인생은 **'벙~글벙글'**, 사랑은 **'이~글이글'** 도 재미있네요.
음악가들은 인생은 '오래오래, 사랑은 생기있게' 라는 의미로 이렇게 외친다네요.
"인생은 안단테" 하면 **"사랑은 비바체"**

벗과 함께 이 밤을 - 이백 -

천고에 시름 씻고자 백 병의 술을 마시노라
좋은 밤은 좋은 이야기 해야 하고
둥근 달이 환한데 잠은 웬말인고
실컷 취하여 이 산에 누우면
하늘과 땅이 이불이요 베개가 아니던가

정답 : 산채비빔밥
할아버지가 좋아하는 돈은 할머니, 할아버지가 가장 좋아하는 폭포는?

9. 부부동반에는 '여보당신'

부부동반에는 **'여보당신'** 이 최고지요.
여유롭고 **보**람차고 **당**당하고 **신**나게!
아이오유(IOU=I owe you)도 좋지요.
아름다운 **이**웃끼리 **오**붓하고 **유**쾌하게
아내들은 아무래도 **'부자유친'** 이 제격일 것 같네요.
부드럽고 **자**상하고 **유**연하고 **친**절하게

'사이다' 한 잔을 곁들이면 더욱 좋겠지요.
사랑해 여보! **이** 생명 다 바쳐서 **다**시 태어나도 당신만을!
문제는, 부인들이 사이다를 좋아할 것 같은데 실제로는 아니랍니다.
왜냐하면, 결혼한 여성들의 20%만이 현재의 남편과 살고 싶어 하고,
남성들은 80%가 현재의 부인과 살고 싶어 한다는 조사결과가 있습니다.
그래서 남자들이 김빠진 사이다를 먹입니다.
사랑해 여보! **이** 생명 다 바쳐서 **다** 뺑이야!

여보당신 사촌, **'당신멋져'**
'당신멋져'는 두 개의 버전이 있답니다.
관리 버전은 **당**당하게 **신**나게 **멋**지게 **져**주자
영업 버전은 마지막이 다릅니다.
당당하게 **신**나게 **멋**지게 **져**지르자

불어 버전으로는 **'멋져불어'** (드숑, 마숑, 이브몽땅)
독어 버전으로는 **'멋지당께'**

정답 : 안투류
부부가 시험을 치는데 남편이 답안지를 내지 않자 아내가 한 말?

각국의 건배사

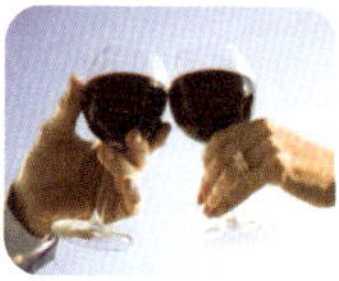

일　　본 : 감파이(乾杯)
중　　국 : 감페이(乾杯)
미　　국 : 치어스(기분내라), 토스트(건배)
독　　일 : 프로스트
프 랑 스 : 아보뜨르 상떼(당신의 건강을 위해서)
이탈리아 : 아레상떼(당신의 건강을 위해)
러 시 아 : 스 하로쇼네 즈다로비예(건배! 건강을 위해서)
멕 시 코 : 살룻(건강을 위해)
브 라 질 : 사우데(건배)
네덜란드 : 프루스트(건배)
핀 란 드 : 키피스(건배)
스 페 인 : 실루트 아무르 이페세타스(당신의 건강, 사랑, 돈을 위해서)
라 틴 어 : 스페로/스페라(숨을 쉬는 한 희망은 있다)
카르페 디엠(지금 살고 있는 현재 이 순간에 충실하라)
그리이스 : 코이노이아(가진 것을 함께 나누며 죽을 때까지 함께 하자)

'헷갈립니다' 의 7개 국어

한　　국 : 비스무리
일　　본 : 아리까리
중　　국 : 갸우뚱
독　　일 : 애매모흐
프 랑 스 : 아리숑달숑
우 간 다 : 긴가민가
인　　도 : 알간디모르간디

정답 : 나이야가라 폭포
택배를 영어로 짐캐리, 펜으로 반성문을 쓰는 것을?

10. 여성들의 선망의 대상 '해당화'

여성들의 선망의 대상은 **'해당화'**
해가 갈수록 **당**당하고 **화**려하게

모그룹 여성회장의 유머 하나 첨부할까요.
착한 남편에게는 **해**가 갈수록 **당**신과 **화**목하게
못난 남편에게는 **해**가 갈수록 **당**신만 보면 **화**가 나요
약한 남편에게는 **해**달라고 할 때 **당**당하지 못한 **화**상 덩어리

그런데, 강남(强男) 스타일은 바로 이런 거랍니다.
해달라고 할때 **당**당하고 **화**끈하게

해당화만 꽃이냐? 개나리도 꽃이다.
그런데, **개나리**는 밤과 낮의 버전이 다릅니다.
낮에는 **개**인과 **나**라의 **이**상을 위하여!
밤에는 **계**급장을 떼고 **나**이를 잊고 **리**렉스 하자

꽃의 말 - 황금찬 -

사람아
입이 꽃처럼 고와라
그래야 말도
꽃같이 하리라
사람아

정답 : 당신답지 않네요
5월에 가장 큰 활약을 할 것 같은 프로야구 선수는?

개나리 사촌 **진달래**도 있어요.
색시버전 진하고 **달**콤한 **내**일을 위하여!
섹시버전 진짜로 **달**랜다면 **내** 줄래

섹시한 것은 **'맛소금'** 이 최고지요.
애인버전은 **맛**도 좋고 **소**리도 이쁘고 **금**방하고 또 하고 싶어
부인버전은 **맛**도 없는 것이 **소**리만 지르고 **금**방하고 또 해 달래

눈꽃도 꽃이지요.

설경 - 김삿갓-

천황이 죽었나 인황이 죽었나
산천과 초목이 온통 상복을 입었네.
밝은 날 햇님이 찾아와 조문을 한다면
집집마다 처마끝에 눈물 뚝뚝 흘리겠네.

눈이 쌓이면 크리스마스가 찾아오네요.
'메리' 하면 **'크리스마스'**, **'해피'** 하면 **'뉴여'** 도 좋네요.

정답 : global(글로벌)
꽃이 좋아하는 벌은 재벌, 청바지를 좋아하는 꽃은?

11. 여성들이 좋아하는 '남존여비'

진짜로 여성들이 좋아하는 건배사는 바로 **남존여비**랍니다.
남존여비는 공처가 버전과 애처가 버전으로 나뉩니다.

공처가 버전은
남자의 **존**재의 이유는 **여**자의 **비**위를 맞추는데 있다.
사람에 따라서는 '**비**용을 대는데 있다' 는 사람도 있고,
'**비**밀을 지키는데 있다' 고 하는 사람도 있어요.
덧붙여 **애처가 버전**은
남자가 **존**경 받으려면 **여**자를 **비**명 지르게 해야 한다고 하네요.

경처가 버전도 있는데, **남**자가 **쫀**쫀하면 **여**자가 **비**웃는다.
간큰남자 버전도 있답니다. **남**자가 **존**재하는 한 **여**자는 **비**참하다.
'남존' 과 '여비' 를 나누어서 하면 어울리는 건배사가 된답니다.

3金시대

가장 멋진 세 가지 금이 황금, 소금, 지금이라는 글을 읽고 남편이 마누라에게 이 말이 너무 멋있어서 문자 퀴즈를 냈다.
"여보야, 세상 살아가는 데 꼭 중요한 3가지 금이 뭐라 생각해?"
잠시 후 마누라한테서 답문자가 왔다.
'현금, 지금, 입금'
남편이 허덕거리며 문자를 보냈다.
'방금, 쬐금, 송금'
이 글을 보고 보낸 아내의 답장은
'지금 , 찔금, 출금'

정답 : 김동투(오월동투)
우리나라 최초의 다이빙 선수는 심청이, 한국이 배출한 세계 최초 여성장군은?

그런데, 이승엽을 배출한 경북고는 이렇게 바꾼답니다.
남존여비가 아닌 **이승여비**(이승엽이)
"이승" 하면 **"여비"**

남존여비의 친구는 **여필종부**
여자는 **필**히 **종**부세 내는 **부**군을 얻어야 행복하다?
'여필' 과 '종부' 는 반드시 끊어서 제창.

종부세 사촌 **부가가치세**란?
부자와
가난뱅이가
같이 내는
세금

연세대학교와 자매결연(?)을 맺은 국세청의 건배구호도 '위하세'

남존여비

세계적으로 한국이 남존여비사상을 가장 철저하게 지킨다고 한다.
남녀평등, 부부(夫婦), 아들 딸
외국의 경우 'Ladies and Gentleman' 을 쓰지만,
우리말 번역은 여지없이 '신사숙녀 여러분!'
동물과 식물도 자웅(雌雄), 암수 처럼 여성을 앞세우지요.
그러나 양심있는 한국 남자들이 꼭 하나 여자를 내세우는 것이 있는데, 그것은 비속어로 쓰이는 말이라.
"에라 이 연남(女男)들아!"

정답 : 진달래
꼭 필요한 세 가지 금은 황금, 소금, 지금인데, 모두가 싫어하는 금은?

12. 만남의 소통함은 '당나귀'

당나귀는 착한 당나귀와 이쁜 당나귀가 있습니다.
착한 당나귀는 '**당**신과 **나**의 **귀**한 만남' 이 되겠고,
이쁜 당나귀는 '**당**신과 **나**의 사랑 **귀**신도 모르게' 이며,
못난 당나귀는 '**당**신만 보면 **나**는 **귀**찮아' 입니다.

당나귀 앞에 '**사~**' 를 붙여 **사~당나귀**로 하기도 한다.
사랑하는 **당**신과 **나**의 **귀**한 만남

당기나기라는 어여쁜 말도 있습니다.
당신이 **기**쁘면 **나**도 **기**뻐
여기저기와 비슷하네요.
여러분의 **기**쁨이 **저**의 **기**쁨입니다.

멋진 모임을 칭찬할 때는 이렇게 외치지요.
'**이멤버**' 하면 '**리멤버**'

삼식 세 끼

하루 세 끼 식사를 다 밖에서 해결하는 남편에게는 영식님이나 무식님이라는 존칭이 붙는다.
세 끼 중에 한 끼를 먹는 남편에겐 일식씨(氏)란 호칭이 붙는다.
두 끼로 넘어가면 이식군(君), 두식이로 전락하고,
끼니때마다 밥상을 차려 받쳐야 하는 남편에게는
삼식이 세 끼(?)라는 칭호가 붙는다.

정답 : 지하여장군
말로 천냥 빚을 갚은 사람은 말 장수, 말과 행동이 같아야 하는 사람은 기수, 말다툼이 가장 심한 곳은?

남자들은 **야생마**를 좋아하지요.
야간에도 **생**생한 **마**누라
삼국지에 '**적토마**' 가 나오네요.
적당히 **토**하고 **마**시고
그런데, 북한에서는 **천리마**를 외친답니다.
천천히 **리**렉스하게 **마**시자

뿐만 아니라 북한에서는 원샷을 '**쭈욱 냅시다**' 라고 한답니다.
'쭈욱' 하면 '냅시다' 로 화답.

아나바다는 어떤 것일까요?
아끼지말고 **나**누지말고 **바**닥비우고 **다**시또한잔

사이다도 원샷이네요.
사랑과 우정
이잔에 담아
다같이 원샷
이런 **사이다**도 있네요.
사랑합니다 **이**생명 **다**하도록

말이 싫어하는 것

말 놓기, 말 뒤집기, 말장난하기, 말꼬리 잡기, 말허리 자르기, 말머리 돌리기, 말뱅뱅돌리기, 말 더듬기, 말 바꾸기
이 중 가장 싫어하는 것은? 말 더듬다가 말 바꾸기

정답 : 세금
승패와 상관없이 말이 달리면 돈을 버는 것은 택시 요금 단말기, 말 중에서 가장 빠른 말은?

13. 직업별 건배구호

은행원은 주로 두 가지로 이루어진답니다.
파란만장 억!억!억!
파란 배추잎이 만장이면 1억인데, 3억을 좋아하는 모양이죠.

우리은행과 하나은행은 '**우하하**'를 좋아하지 않을까요.
우리는 **하**늘아래 **하**나다.
하나은행은 이렇게도 한답니다.
"**가자가자**" 하면 "**하나로**"
절약적금도 캐치프레이즈로 적당하네요.
절제된 생활 **약**속은 철저 **적**당한 운동 **금**주와 금연

'**일십백천만**'도 있는데,
1번 이상 칭찬하고,
10번 이상 웃고,
100자 이상 쓰고,
1,000자 이상 읽고,
10,000보 이상 걷자

'일십'과 '백천만'을 끊어서 하는 것이 더욱 어울린답니다.
방송인 임백천이 좋아하겠네요?

'**고진감래**'도 알맞춤이죠.
고객에게 **진**심으로 대하면 **감**동으로 **돌**아온다.
고진감래는 증권회사 직원을 위하는 **상한가**네요.
상심말고 **한**탄말고 **가**슴펴자

정답 : 경마장
기원전에 사용했던 화폐는?

대구금융지주 회장이 외친 걸작 **'우문현답'**
우리의 **문**제는 **현**장에 **답**이 있다.
대구은행 4행시는 명예본부장 시절 선달이가 지어 보았어요.
대범하게 **구**상하고 **은**은하게 **행**복주는 DGB 금융지주,
또한, **DGB**를 **D**igital **G**lobal **B**usiness로!

대범한 사람들은 **번지점프**를 즐기지요.
번거롭고 **지**겨워도 **점**검할땐 **프**로답게
농협 직원들은 **'신토불이'**
신선한 **토**종식품 **불**로장생 **이**어진다
농부는 **'모내기'** 를 좋아해요
모처럼 **내**친구 만나 **기**분 좋다

주경야독(晝耕夜讀)하는 야간학생이나 저녁에 CEO과정을 공부하러 다니시는 분들을 위한 건배사는 말 그대로
주경야독(晝輕夜毒).
즉, 낮에는 가볍게, 밤에는 독하게.

점심시간 직후 업무가 있거나 운전을 해야 하는 경우 주경야독으로 낮술을 피하는 방법이 있겠지요.
"주경" 하면 "야독" 으로 답하는데,
밤에는 **'동**이 나도록, **동**이 틀 때까지 마시자' 는 의미에서
"주경" 하면 **"야동**(?)" 으로 답해 한바탕 웃음을 선사합시다.

그럼, 낮에는 술 대신 **과일주스**도 좋겠네요.
과식하지 말고 **일**찍 일어나고 **주**량껏 마시고 **스**스로 알아서

정답 : 투말
백암(?)에서 유명한 두 과일은 배와 감인데, 이 세상에서 가장 뜨거운 과일은?

주경야독하는 해공지도자과정 6기 캐치프레이즈를 응모했는데,
선달이 제안한 '유쾌~한 6회' 로 결정되었다.
"유쾌~한 6회" 하면 **"육 · 해 · 공"** 으로 제창하여 분위기가 고조되자,
오기로 똘똘 뭉친 5기에서도 하나 지어 달라고 요청했다.
그래서 선달이 만들어 준 5기의 건배구호는,
"금이야" 하면 **"옥이야"**

이런 두 줄짜리 시도 있다지요.
슬프면 술퍼,
술퍼면 슬퍼

학생들은 **기숙사**가 필요해요.
기분좋게 **숙**취없이 **사**랑하며
열심히 공부하면 **공무원**도 되겠지요.
공부하라 **무**지하게 **원**없이

의리파 **변호사**는 이렇게 외친대요.
변함없는 **호**형호제 **사**나이 우정
합격하면 **환영회**도 좋아요.
환상적이고 **영**양가 있는 **회**식자리로

신세계백화점 직원들의 건배사 **신세계**
신나게 **새**롭게 **계**획적으로
에스원(SECOM) 직원들은 이런 건배구호 어때요?
"세콤" 하면 **"달콤"**

정답 : BC카드
변호사는 말로 싸운다. 검사는 무엇으로 싸울까?

포스코는 **제철과일**을 좋아한다네요.
제때에 쉬고 **철**저한 관리 **과**욕은 말고 **일**은 깔끔히
포스코 직원들의 열정이 **용광로** 못지 않지요.
용기있고 **광**활하게 **로**켓처럼
가장 몸무게가 많이 나갈 때는 '철(?) 들 때' 라고 하네요.

포스코에 가면

승진이 잘 된다. 제철에 올라가니까
건강해진다. 제철 음식 먹어서
금실이 좋아진다. 철제거울 선물 받아 파경(破鏡)이 없다

겨울에 **모닥불**에 모인 열기도 용광로 못지 않아요.
모험심을 갖고
닥치는대로 하면
불가능은 없다.

모닥불이 그리운 겨울을 주제로 한 시 한 수

雪 - 김삿갓 -

송이송이 날리는 것은 춘삼월 나비 같고
눈 밟는 소리는 오뉴월의 개구리라
춥다하여 못가게하니 눈 핑계 장황하고
술 취하면 머무를까 다시 한 잔 권하노라

정답 : 천도복숭아
수학, 영어를 잘 하는 학생을 수영선수라고 하는데, 아이언 F를 잘 치는 골프 선수를?

가수들은 **'원더걸스'** 래요.
원하는 만큼 **더**도 말고 **걸**러서 **스**스로 알아서
소녀시대 팬들도 만만치 않습니다.
소중한 **여**러분과 **시**방 **대** 봅시다
어떤 사람들은 **시**도 때도 없이 **대**보자고 하네요.

티아라도 한 수 거들지요.
티없이 **아**름다운 **라**이프를 위하여!
김수희의 남행열차는 **정거장**도 없나 봐요
정지말고 **거**침없이 **장**기적으로

가수 장윤정은 **'어머나'** 를 즐긴다고?
어디든지 **머**무는 곳에 **나**만의 발자취를
가수 박상철은 노래를 **무조건** 좋아하네요.
무지 힘들어도 **조**금만 참고 **건**승하자

나훈아 팬클럽에서는 두 번 생각할 것도 없이 **'무시로'** 예요.
무조건
시방부터
로맨틱하게

윤복희 팬은 **나그네**를 좋아하지요.
나...나는 그대를 사랑합니다
그...그대도 나를 사랑합니까?
네...???
정치계에서도 나그네(?)를 활용하면 좋겠네요.

정답 : 칼
원더걸스가 결혼을 하면 '원더우먼'이 되는데, 늙으면 어떻게 될까?

가수 비는 **'소나기'** 를 좋아한답니다.
소통과 **나**눔으로 **기**쁨은 두 배
소나기를 자주 외치면 이 세상을 손아귀(?)에 넣을 수 있을까요?

소나기처럼 내리꽂히는 **비 시리즈**.
LA 공연을 앞둔 인기가수비를? LA 갈 비
가수 비의 보디가드의 역할은? 비만경계
가수 비의 매니저 역할은? 비만관리
엘리베이터 사고에서 비만 빠져 나왔다면?
비만탈출

비를 누른 가수는? 클릭 비
가수 비를 구타한 사람은? 비폭력자 간디
비와 내가 목장에서 소를 세면? 비앤나 소세지
결석을 밥 먹듯이 하던 가수 비가 모처럼 등교했다. 그 날은? 비 온 날
포크가 비에 젖으면? 포크레인
가수 비가 얼어 죽으면? 비(be) 동사
골프매니아에게 가장 인기가 많은 가수는? 비(비회원)
그런데 갑자기 비가 오면 어떻게 하면 될까요?
네. 싸인 받을 준비를 해야겠어요.

비너스에는 어떤 뜻이 숨어 있을까요?
비가 와도
너저분하지 않게
스스로 깨끗이

정답 : 에프(F) 킬라
어릴 때 가수 비는 아이비, 어릴 때 슈퍼맨은 슈퍼투니어.
KARA의 니콜의 어릴 때 이름은?

카레회사 대명사는 **오뚜기**
오래도록 **뚜**벅뚜벅 **기**상있게
오뚜기를 **오**래오래 **뚜**벅뚜벅 **기**쁨기쁨으로 해도 재미있네요.
한국은행(BOK : Bank Of Korea) 출신이 각계에서 대활약하는 이유가 넘어져도 다시 일어나는 오뚜기와 무관하진 않겠지요.
앞 뒤가 똑같은 BOKOB.

비타민 보충은 약국에서
비난말고 **타**협하며 **민**주적으로
활력을 불어 넣을 때는 **박카스**로.
박력있고 **카**리스마있고 **스**피디하게
과식했을 때는 **활명수**로.
활기차고 **명**랑하게 **수**다떨자

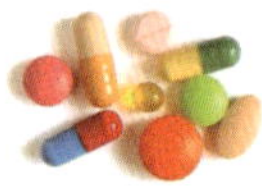

가장 멋진 건배사가 **소화제**래요.
"**소**통과 **화**합이 **제**일이다" 하면 "**소화제**"
소화(digest)제는 '골프 다이제스트' 공식 건배사로도 추천했는데, 골프 다이제스트 대표가 너무 어울리는 건배사라고 한 턱 냈지요.
그런데 그새 유사품 **마취제**가 새로 나왔네요.
마시고 **취**하는 게 **제**일이다
"**소화제**" 하면 "**마치제**" 로 하여 끝내기로도 유용하지요.
최근에는 알까기를 해서 **진통제**까지 나왔어요.
진실로 **통**하는게 **제**일이다

방송국에서는 **무한도전**을 즐기는군요.
무조건 **한**도없이 **도**와주자 **전**화하면

정답 : 원할머니
활을 가장 잘 쏘는 사람은?

영화배우들이 '**빠삐용**'을 줄곧 찾는 데는 다 이유가 있습니다.
빠지지도 말고 **삐**치지도 말고 **용**서하고 참석하자
이를 **빠삐따**로 하기도 한다네요.
빠지지도 말고 **삐**치지도 말고 **따**지지도 말고 참석하자
미용사와 비슷하네요.
미워말고 **용**서하고 **사**랑하자

뮤지컬 배우는 '라이온 킹' 주제가인 '**하쿠나 마타타**'를 외친다고요.
'괜찮아 잘 될 거야'라는 의미의 스와힐리어 언어랍니다.
한미르닷컴을 만든 날리지큐브 김학훈 대표는
"**하쿠나**" 하면 "**맞다 맞다**"로 한다고 하네요.

문인들은 좀 더 품위있는 건배사를 선호한대요.
'화향백리 주향천리 인향만리'
'화향' 하면 '백리', '주향' 하면 '천리', '인향' 하면 '만리'로 화답.
이는 난향백리(蘭香) 묵향천리(墨香) 덕향만리(德香)에서 유래.

문인들이 좋아하는 멋진 한시 하나.

대랑군(待郎君) - 능운(凌雲) -

랑운월출래(郎云月出來) 동산에 달 떠오르면 오마시던 우리 님은
월출랑불래(月出郎不來) 달은 벌써 왔건마는 임은 아니 오시네
상응군재처(想應君在處) 생각건대 아마도 님 계신 곳은
산고월상지(山高月上遲) 산이 높아 달뜨는 것도 더딘가 보오

정답 : 애니콜
거지가 가장 좋아하는 욕은 빌어먹을, 거지가 가장 보고 싶어하는 영화는?

완구점에서는 **'마징가'** 를 찾아요.
마시자 **징**하게 **가**버릴 때까지
가구점에선 **우아미**가 우선이고요.
우아하고 **아**름다운 **미**래를 위하여

정원사들은 두 말할 것도 없이 **'소나무'** 예요.
소중한 **나**눔의 **무**한한 행복을 위하여!
'대나무' 를 좋아할 수도 있겠군요.
대화를 **나**누며 **무**한한 성공을 위하여!

무화과를 찾는 이들은 어떤 사람들일까요?
무척이나 **화**려했던 **과**거를 위하여!
야생마의 이웃사촌 **야생화**도 좋겠네요.
야심차고 **생**생하고 **화**끈하게

등산객이 **남한산성**을 많이 찾는 이유?
남자들이여 **한** 달에 한 번 **산**행을 하면 **성** 문제 해결

등산객은 **유산소**가 좋네요.
유쾌하게
산에 올라
소주한잔
그럼, 쓸개주를 준비하면 **유산쓸**?

정답 : 활명수
걱정이 많은 사람이 오르는 산은 태산, 기억력이 딸리는 사람들이 오르는 산은 아차산, 두산그룹의 100대 되는 그룹은?

경북에선 팔공(80)학번들이 모아서 산 **팔공산**만 찾네요.
팔십대까지 **공**도치고 **산**도 오르자!
그럼, 맥주까지 마시면 **팔공산맥**?
적절하게 **영양소**도 섭취해야겠지요?
영원한 사랑 **양**호한 건강 **소**중한 그대

조폭도 직업에 속하는지는 모르겠지만,
그들은 주로 '**마피아**'를 외친다고요.
마음 나누고 **피**도 나누는 **아**름다운 우정
술을 좋아해서 민 주당(?)인 민 감사님은 '**알부민**'
알고보면 **부**드러운 **민**감사님

막내가 '**아그들아 마이 무라**' 하면
모두가 '**예 형님!**'으로 받아 한바탕 웃음이 꽃핀대요.

선창자가 한 마디 하면 나머지는 뒷 부분만.
"돈은 잘 버냐" 하면 "예 형님!"
"건강은 좋으냐?" 하면 "예 형님!"
"그럼 술이나 마시자" 하면 "예 형님!"
청와대에서는 '예 형님' 대신에 '**예, 누님**'도 유행한다나요.

야매(암거래)와 사이비의 차이

야매는 스스로 야매라고 인정하지만,
사이비는 사이비가 아니라고 한다.
야매는 면허가 없고, 사이비는 위조면허라도 가지고 있다.

정답 : 부귀영화
동생이 형을 너무 좋아하면 형광펜(투형광선수 펜클럽도 형광펜이네요!), 형이랑 동생이랑 싸웠는데 동생편만 들었다면?

룸싸롱에서는 '**지화자**' 로 시작한다구요?

자금부터 **화**끈한 **자**리를 위하여!

거시기와 **머시기**.

거절하지 말고 **시**키는 대로 **기**분좋게

머싯게 **시**원하게 **기**똥차게

"거시기" 하면 "머시기"로 화답

거시기를 이렇게 하는 분도 있네요.

거침없이 **시**원하고 **기**가 막힌 자리를 위하여!

성행위도 뜻을 새겨 보면 아주 좋은 건배사가 될 수 있어요.

성공과 **행**복을 **위**하여

'성공과 행복을' 이라고 하면 '위하여' 로 화답할 수도 있고,

'성행위' 하면 '잘하자' 로 할 수도 있는데, 상황에 따라 성희롱으로 몰릴 수 있으니 유의해야 할 건배사.

모두들 성공을 하기 위해서 **아우성**이네요.

아름다운 **우**리들의 **성**공을 위하여

아우성의 사촌 **우행시**도 해 볼만 해요.

우리들의 **행**복한 **시**간을 위하여

행복 - 나태주 -

저녁 때 돌아갈 집이 있다는 것.
힘들 때 마음 속으로 생각할 사람이 있다는 것.
외로울 때 혼자서 부를 노래가 있다는 것.

정답 : 백두산그룹

말을 잘 들어야 할 네 여자는 마누라, 네비게이션 안내양, 캐디언니, 행복한 두 여자는?

정(情)을 강조하시던 성철 스님의 건배사.

"이게 술이가?" 하면 **"아이다"**라고 하고,
"그라마 머꼬?" 하면 **"情이다"**
무소유 버전도 있지요.
무리말고 **소**통하며 **유**연하게
백담사 스님들은 전두환 대통령 버전을 선호한다네요.
"나는 니가" 하면 **"너무 좋아"**로 화답한다.

불가에서는 옷깃만 스쳐도 인연이라고 했는데, 그럼 연인은?
속옷을 스치는 인연?

항공사는 **'비행기'**를 좋아한다지요.
비상하라 **행**복 향해 **기**운차게
약속을 가장 잘 지키는 기업은? 대한항공
7년 연속 글로벌 고객만족도 1위 대한항공,
약속은 칼(KAL)같이 지켜야 한다고 하니까.
대한항공(KAL MAN) 직원들은 오페라 '카르멘'을 좋아한다고 하네요.

인사부의 노사담당은 **'노발대발'**이래요.
노조의 **발**전과 **대**한민국의 **발**전을 위하여!

개성공단에서는 **'개나발'**을 외친답니다.
개성의 발전이 **나**라의 **발**전이다
개나발, 당나발은
개인과 **나**라의 **발**전이 **당**신과 **나**의 **발**전

정답 : 형편없는 세상
불교도들이 세종시로 옮기면 곤란하다는데 그 이유?

14. 현대인은 '세우자'

현대인들이 반드시 해야 할 것은 바로 **세우자**
나라도 세우고, 경제도 세우고, 거시기도 세우자

세우자는 아나로그 버전과 디지털 버전이 있다.
아나로그 버전 **세**계 평화와 **우**리들의 우정과 **자**신의 건강을 위하여!
디지털 버전 **세**게 **우**아하게 **자**신있게!

건배요령은 선창자가 '세우자' 하면 세우자로 복창해도 좋지만, **'세우자'** 하면 남자들은 **'빳~빳하게'** 라고 외치고, 여자들은 **'오~래오래'** 라고 외쳐야 흥을 돋굴 수가 있다.
호남에서는 **'빳빳이'** 라고 한다고 하네요.

100점 만점에 100점

100점짜리 인생을 만드는데 알파벳 순서대로 A에 1을 붙여 주고 B에 2, C에 3, D에 4...Z는 26
근면 hard work 98점, 지식 knowledge 96점, 행운 luck 47점, 돈 money 72점, 리더쉽 Leadership 89점.
그럼 100점짜리 인생은 무엇일까요?
답은 인생을 사는 자세 "attitude".
그 외에도 100점짜리가 있다고 하는데, 대표적인 단어로는 stress, Take a rest 등이다.
골프에서는 drive 76점, iron 56점, 그러나 putter가 바로 100점.
'드라이버는 쇼, 퍼트는 현찰' 이라는 말을 증명이라도 하듯이.

정답 : 시어머니를 모신 적이 없는 이브, 며느리를 본 적이 없는 성모 마리아
새우랑 고래랑 싸우면 누가 이길까?

그러다가 분위기가 너무 좋아 밤을 '새우자' 가 되지는 않을런지.
국세청 동우회인 세우회가 가장 좋아하는 건배사도 **'세우자'**

부동산업자들이 좋아하는 **재건축**은
중년 버전이라고 할 수가 있겠네요.
재력있고
건강하고
축복받자!
'재력있고' 대신에 '재미있고' 로 대체하는 이들도 많아요.

재개발은 청년 버전이라고 할 수 있는데요.
재치있고
개성있고
발랄하게!
재건축과 재개발은 연세 드신 분들의 '회춘' 을 의미하기도 한답니다.

생활건강도 어울려요.
생생하고 **활**기차고 **건**전하고 **강**렬하게

고추사탕

블랙커피를 즐기는 사람은 **고**독을 아는 사람이고,
설탕 한 스푼을 넣는 사람은 **추**억을 아는 사람이고,
설탕 두 스푼을 넣는 사람은 **사**랑을 아는 사람이다.
그럼, 설탕 세 스푼 넣는 사람은?
설**탕**맛을 아는 사람.

정답 : 부처(?)를 또개야 하니까?
외나무 다리에서 새우와 고래가 서로 먼저 지나가려고 다투다가 물위로 떨어져서 둘 다 익사했는데 그 이유는?

15. 스토리 건배사

골프장에서는 **'골프는 굿 샷, 술잔은 원 샷'** 또한 멋있는 건배사이다.
조금 길게 늘어뜨린 건배사도 있다.

드라이버는 멀리!
아이언은 부드럽게!
퍼트는 정확하게!
기록은 후하게!
도구를 상징하는 앞부분은 선창, 뒷부분은 후창해야 맛깔난다.

공을 치는 운동이라 공수래공수거(空手來空手去)도 제격.
"공수래" 하면 **"공수거"**
폭설로 인하여 공술에(?) 공수거를 도와주면 공수래 공수거(?)

부서회식에서 사용할 수 있는 건배구호는
"스트레스여" 하면 **"가라"**, **"행복이여"** 하면 **"오라"**
목표달성을 기원할 때는 목표도 골인, 술도 골인, **"슛 골인"**

"매출은" 하면 **"올리고"**, **"핸디는"** 하면 **"내리고"**도 재미있는 건배사

GOLF란?

1. Grass Oxygen Light Foot 잔디에서 산소 마시며 햇빛 아래 걷기
2. Gentlemen Only Ladies Forbidden 남성전용 여성 금지
3. Goal Object Lady Future 목표물을 향한 여성들의 미래

정답 : 새우(새우는 깡, 고래는 밥)
통계학적으로 불교신자가 크리스천보다 골프를 못하는 이유?

오랜만에 만난 친구들이라면,
"반갑다" 하면 **"친구야"**
그러나 사오정(?)이 된 친구를 위로할 때는
"힘내라" 하면 **"친구야"**
크게 한 턱 내는 친구는
"오늘은" 하면 **"내가 쏜다"**
실패하거나 실수를 한 친구에게 낙담하지 말라고 보내는 건배사
"인생은" 하면 **"미완성"**

경리요원들은 옛날에는 주산,
지금은 전자계산기로 **가감승제**(+-×÷)를 많이 하지요.
기쁨은 더하고(+),
슬픔은 빼고(-),
사랑은 곱하고(×),
행복은 나누자(÷)!

각각 앞부분을 선창하면 뒷부분을 후창하도록 미리 이야기 한다.

이상, 사랑, 우정을 모토로 하는 사우회는 **'이사우'**를 외칩니다.
이상은 높~게(술잔을 높이 들며)
사랑은 깊~게(술잔을 아래로 내리며)
우정은 넓~게(팔 높이에서 술잔을 돌리며)
선창자는 앞 부분만, 후창자는 뒷 부분으로 나누어서.

안주는 **샐러드**가 좋겠네요.
셀프샷은 NO **러**브샷은 GOOD **드**숑마숑

정답 : 고래는 허파가 뒤집어져, 새우는 간댕이가 부어서.
이상한 관계로 만나는 곳은 치과, 이 세계가 흔들리면?

세계미래포럼에서는 건배사가 간단명료하다.
포럼행사에서는 **"세계로"** 하면 **"미래로"**
등산회에서는 **"미래로"** 하면 **"산으로"**
골프회에서는 **"미래로"** 하면 **"잔디로"**
세계미래포럼은 통합해서 **세미나**를 만들었데요.
"**세**계로 **미**래로 **나**가자" 하면 **"세미나"**

'얼씨구 절씨구' 버전으로 할 수도 있다.
일반적으로는
"얼씨구" 하면 "절씨구", "지화자" 하면 "좋구나"
그러나 '미래포럼' 등 테마를 넣을 경우에는
"얼씨구" 하면 "절씨구", "미래포럼" 하면 "좋구나"
얼씨구를 출산을 장려하는 보건가족복지부에서는 이렇게 할 수도 있겠네요.
얼싸안고 **씨**뿌리자 **구**석구석

가수 김세환을 좋아하는 세시봉 팬들은,
"천만번 또 들어도 기분 좋은 말" 하면 **"사랑해"**
가수 최백호를 좋아하는 팬들은 입영전야를 좋아하지요.
"자 우리의 젊음을 위하여" 하면 **"잔을 들어라"**

이장희를 좋아하는 세시봉세대는 한잔의 추억으로 마셔버리지요.
"마~시자 한 잔의 추억" 하면 **"마시자, 마셔버리자"**로 하네요.
'트로트 황제' 설운도 팬들은 이렇게 외친다지요.
'눈이 오나 비가 오나' 하면 **'바람이 부~나'**

정답 : 공이 절(?)로 가니까
엄마없이 한 일은 무모한 짓, 엄마가 길을 잃으면 맘마미아, 미국에 사는 엄마가 사는 동네?

(주)삼호의 건배사를 지어 달라는 선배의 요청에 선달이가 지어 준 것은
"사모해요 삼호"
건배사 뿐만 아니라 이를 회사 캐치프레이즈에 사용한다고 한다.
삼호물산(주)도 이를 사용하면 좋겠지요.

사모 - 조지훈 -

한 잔은 떠나 버린 너를 위하여
또 한 잔은 너와의 영원한 사랑을 위하여
그리고 또 한 잔은 이미 초라해진 나를 위하여

崔氏 사모님을 위한 특별 건배사 **'최여사'**
최고로 **여**성스러운 **사**모님

P그룹 회장이 주장하는 '마음을 비우고 모든 것을 내리자' 라는
건배구호는 **"비우"** 하면 **"내리"** 라고 제창합니다.

'우리는 한 가족' 을 나타내는 건배구호.
"우리가" 하면 **"남이가"** 로 제창
이를 다르게 말하면 '우리 가족같이' 인데,
"우리가" 하면 **"족같이"** 로 끊어 답해도 무척 재미있다.
물론 때와 장소를 가려야 한다.

'FBI' 는 **F**ather, **B**rother and **I**의 약자이며,
'Family(가족)' 는 **F**ather **a**nd **m**other **I** **l**ove **y**ou의 약자랍니다.

정답 : 치과에 가야 한다
붕어빵이 탔다, 처녀가 임신했다, 통닭이가 죽었다 세 가지 공통점은?

'혼자가면 빨리가고 함께가면 멀리간다' 를 나누어서 하면 흥이 난다.
"혼자가면" 하면 **"빨리가고"**,
"함께하면" 하면 **"멀리간다"** 로

'회사가 잘 되야 모든 일이 잘 풀린다' 는 의미로
가화만사성(家和萬事成)을 사화만사성(社和萬事成)
으로 바꿔서 하기도 한다.
'선배는 끌어주고,
후배는 밀어주고,
스트레스는 날리고' 로 나누어 하면 멋진 건배사가 된다.

'만남이 있으면 헤어짐이 있고, 헤어짐이 있으면 만남이 있다' 의 의미로 회자정리 거자필반(會者定離 去者必返)으로도 한번 해 보자.
'회자' 하면 **'정리'** 하고
'거자' 하면 **'필반'** 한다.

백범 김구 선생이 평생 좌우명으로 삼았던 漢詩 한 수.

답설야중거(踏雪野中去) – 서산대사 –

답설야중거(踏雪野中去), 눈을 밟으며 들길을 갈 때
불수호란행(不須胡亂行), 모름지기 허튼 걸음을 마라.
금일아행적(今日我行跡), 오늘 내가 남긴 발자취는
수작후인정(遂作後人程), 마침내 후인의 길이 되리니.

정답 : 마이애미
이순신 장군이 쓴 것은 난중일기, 세종대왕은 훈민정음, 춘원 이광수는 유정 · 무정을 썼는데, 김구 선생이 쓴 것은?

예쁜 여자 만나면 3년이 행복하고,
착한 여자 만나면 30년이 행복하고,
지혜로운 여자 만나면 3대가 행복하다.

예쁘고, 착하고, 지혜로운 현모양처를 얻은 신랑에게 띄우는 건배사
"잘났다" 하면 **"친구야"**

결혼식 피로연에는 '그대를 누구보다 사랑한다'는 꽃말이며, 고상하고 순결한 사랑을 상징하는 **동백꽃**이 제격이예요.
동화처럼
백세까지
꽃피우자

어? **자~오너**
마치 **나그네** 건배사와 더불어 캐디 작업용 시 같네요.

풀꽃 - 나태주 -

자세히 보아야 예쁘다.
오래 보아야 사랑스럽다.
너도 그렇다.

정답 : 늦게 뺐다
신혼부부가 좋아하는 시간대는 몹시흥분, 신혼부부가 좋아하는 곤충은 잠자리, 팬티를 순우리말로 하면?

16. 끝내기는 '변사또'

주부들이 주거지로는 아파트를 좋아하지만 건배사로는 **'초가집'**.
초지일관 **가**자 **집**으로!
어라, 그럼 2차는 없네그려.
초가집 주소는 '119' 번지!
1(한)가지 술로 1차까지 하고 9시 전에 집으로!
그런데, 9시간 동안 마셔서는 안되겠지요?

최근에는 2222가 유행한다는 소식도 있습니다.
2가지 종류 이내로 2잔 이상 권하지 말고 2시간 이내 2차 안가기

오랫동안 자리를 지킨 끝내기 구호는 **'나가자'** 였어요.
나라와 **가**정과 **자**신을 위하여!
마무리로 마무리하면 더욱 좋아요.
마음먹은대로 **무**슨일이든 **이**룩하자

이기자도 멋지네요.
이렇게 **기**분 좋은 자리 **자**주 가지자
'아주 자주, 아주 자주' 라는 의미로
'이기자' 하면 **'아자아자'** 로 화답하면 더욱 흥겹다.

'끝맺음을 철저히 잘하자' 는 의미로 **'철저마침**(鐵杵磨鍼)'.
철 방망이를 갈아 바늘을 만든다.
즉, 모든 정성을 다 기울이면 못 할 일이 없다.
"철저" 하면 **"마침"**

정답 : 안경
범죄신고는 113, 화재신고는 119, 심심할 때는? 정답 : 369

마시자도 끝내기의 하나
마지막까지 **시**계보지말고 **자**리지키자

건배사가 제대로 되었는지 '**고감사**' 가 나왔네요.
고생하셨습니다 **감**사합니다 **사**랑합니다

그런데 어쩐 일인지 마무리는 복고풍 '**변사또**' 로 바뀌어 간다고 하네요. 풍류를 즐기는 변사또는 건배사하기 전에 반드시 풍악을 울려야 합니다. 풍악은 바로 '**니나노**'
'**니**하고 **나**하고 **노**력하자' 인데 주당들은 이렇게 외친답니다.
'**니**도 한 잔 **나**도 한 잔 **노**래방으로, 고고씽!'

이런 사람 노래방 오지 마라

5위 : 남의 노래 큰소리로 다 따라 하는 사람
4위 : 혼자 마이크 독점하는 사람
3위 : 예약버턴 잘못 눌러 남의 노래 끊는 사람
2위 : 마이크 돌리다 남의 머리 치는 사람
1위 : 남의 허벅지 탬버린 쳐서 피멍 들게 하는 사람

변사또를 제대로 알지 못하면 '**변**태, **사**이코, **또**라이' 로 착각할 수 있습니다.

자, 자, 그러면 혼을 심은 목소리로 다같이 **변사또**!
'**변**함없는 **사**랑으로 **또** 만나자!'

정답 : 고추잠자리
나의 울음에서 시작해서 남의 울음으로 끝나는 것은? 정답 : 인생

• 숫자퀴즈 •

모두를 일으키는 숫자는? 5(다섯)
숫자 5가 싫어하는 집은? 오페라하우스
가장 쉬운 숫자는? 190,000(쉽구만)
1, 2, 3위보다 4위를 더 좋아하는 사람은? 장모
개 네 마리가 절을 하면? 사계절
엄마는 한 명이고, 아버지가 둘인 아이는? 두부 한모
개가 네 마리 사는 동네? 개포동
나무가 네 그루면? 포트리스
나무가 다섯 그루면? 오목
자식이 아홉 명이면? 아이구
자동차 10대가 달리는 레일은? 카텐레일
쥐 아홉 마리와 용 네 마리가 지구를 지키면? 쥐(지)구용사 선가드
파리가 네 마리면? 사파리
쥐가 네 마리면? 쥐포
머리가 셋이면? 헤드셋
방이 아홉 개이면? 방구
네 마리의 고양이가 괴물이 되면? 포켓몬스터
가장 비싼 나무는 은행나무, 가장 비싼 새는? 백조

소 2백만 마리가 화가 나면? 2백만화소
여자가 두 명이면 이글, 아홉 명이면? 구글
여자 두 명이 질투라면, 남자가 두 명이면? 포볼
1~8을 네 글자로 줄이면? 영구없다
전화기의 다이얼번호를 모두 더하면 45이다. 그럼 모두 곱하면? 0
차가 10대 있으면? 카텐
요리사가 12명 있으면? 쿠크 다스
새가 네 마리, 돼지가 두 마리면? 포세이돈

네 마리 돼지가 말한다를 네 글자로? 포세이돈
나무가 다섯 그루면? 트리오
만두가 두 개이면? 그만두개
타이타닉의 구명보트의 정원은? 9명
소녀시대의 "내게 소원을 말해 봐"에 몇 개의 소원을 들어 줄까? 네 개
빈 속에 찐 계란을 몇 개까지 먹을 수 있나? 1개(2개 이상 먹으면 빈 속이 아니니까)
해와 소금이 몇 날을 사귀었을까? 천일염
5세가 아니라는 지역은? 오세아니아
다리 둘에 갈비뼈만 있는 것은? 사다리
곰돌이 푸가 여럿이면? 푸들

가슴의 무게는? 4근(두근두근), 6근(두근반 세근반)
일 년 중 뱀과 벌이 없는 달은? 11월(November)
신데렐라에 나오는 난쟁이 수는? 한 명도 없다
1더하기 1은? 중노동
2더하기 2는? 덧니
1더하기 3은? B
비둘기의 나이는 81(구구), 닭의 나이는? 닭살
1 빼기 10 빼기 1은? HOT
로또복권 당첨확률을 5배 올리는 방법은? 다섯 장 산다

무심한 사람

애인이 한 명만 있는 사람은 한심(?)한 사람이고,
두 명 있는 사람은 어느 정도 양심(?)이 있는 사람이며,
세 명 있는 사람은 아주 세심(?)한 사람이며,
네 명 있는 사람은 정말 사심(?)이 없는 사람이며,
다섯 명 있는 사람은 심오(?)한 사람이고,
열 명 있는 사람은 매우 열심(?)히 사는 사람입니다.
한 명도 없는 사람은
너무나 무심(?)한 사람이지요.

• 음식퀴즈 •

대구와 조기가 만든 축구팀은? 대구(大邱) 조기축구회

김 중에서 하얀 김은? 앙드레김

김밥이 죽어서 가는 곳은? 김밥천국

김밥집에서 쫓겨난 이유는? 유두초밥 달라고 해서

아무리 씹어도 김이 찢어지지 않은 이유는? 돌김이라서

초밥이 결혼을 하면? 유부초밥

가장 짧은 연애 음식은? 오분자기

못 먹는 간장은? 애간장

먹을수록 떨리는 음식은? 추어탕

술과 커피를 팔지 않습니다를 네 글자로 하면? 주차금지

개구리가 낙지를 잡아 먹으면? 개구락지

돼지가 열 받으면? 바베큐

돼지가 방귀를 뀌면 돈까스, 소가 방귀를 뀌면? 우겼어

김구선생이 여자를 때리면? 여자친구

원숭이를 구우면? 구운몽

인삼은 6년근일때 캐는 것이 좋다. 산삼은 언제 캐는 것이 제일 좋은가? 보는 즉시

콩이 바쁘면? 콩비지

다리가 굵은 여자가 발을 물에 담그면? 동치미

김치만두가 김치에게 하는 말은? 내 안에 너 있다

묵은 묵인데 먹지 못하는 묵은? 침묵

씨암탉의 천적은? 사위

사과, 배, 복숭아를 실은 차가 급정거 했는데 떨어진 것은? 속도

간짜장이 짜장보다 비싼 이유는? 간 때문이야

라면사리가 죽으면? 고사리

떡 중에 가장 빨리 만든 떡은? 헐레벌떡

입방아를 찧어 만든 떡은? 쑥떡쑥떡

우유가 아프면? 앙팡

의식주 중 먹는 것이 중요하다는 성인은? 묵자

설날 먹는 탕은? 설탕

동의밖에 할 줄 모르는 채소는? 당근
곰 전용 목욕탕은? 곰탕
백수의 왕 사자로 국을 끓이면? 동물의 왕국
가장 학벌이 좋은 생선은? 고등어
가장 학벌이 좋은 요리는? 박사아구찜
제일 힘들게 만든 요리는? 아구찜
소고기가 없는 나라는? 소고기 무국
자동차 사고가 났다. 뭐라고 할까? 붕~어~빵
붕어가 터지면? 붕어빵
얼음을 말리면? 드라이 아이스
기분 나쁜 아이스크림은? 뭘봐
인기 있는 파는? 파스타
긴 음식재료는? 김
김보다 더 긴 음식재료는? 참기름
참기름보다 짧은 음식재료는? 들기름
가장 재미 있는 곳? 냉장고(잼이 있으니까)
껌의 재료는? 고양이 뇌(껌은 고양이 뇌로 뇌로♬)
세 사람만 탈 수 있는 차는? 인삼차

소금이 짜서

라면과 참기름이 싸우다가 라면이 경찰서에 잡혀갔다. 왜? 참기름이 고소해서
이윽고 참기름도 끌려갔다. 왜 끌려갔을까? 라면이 다 불어서
구경하던 김밥도 잡혀갔다. 왜? 말려들어서
아이스크림이 경찰서로 면회를 가다가 교통사고를 당했다. 왜? 차가와서
이 소식을 듣고 스프가 졸도했다. 왜? 국물이 쫄아서
덩달아 달걀도 잡혀갔다. 왜? 후라이쳐서
재수없게 짜배기도 걸려들었다. 어떻게? 일이 꼬여서
그런데 이 모든 일이 간장과 소금때문이래요. 왜? 간장과 소금이 다 짜서
그러고나서 결국 고구마가 모두 다 해결했대요. 어떻게? 구워 삶아서

• 인물퀴즈 •

탤런트 최지우가 기르는 개 이름은? 지우개
나폴레옹의 묘 이름은? 불가능
원빈이 타고 다니는 말은? 웃기지마
김태희가 차를 타고 가다 동생 이완을 보고 한 말? 타이완
김을 태우면? 김태우
동생에게 박을 주면? 박준형
MC몽의 뼈를? 몽골
타블로와 강혜정이 합치면? 타블로강혜정
타블로가 산삼을 먹으면? 따블로강해져
가장 잠을 빨리 자는 가수는? 이미자
이기광이 체육대회 나갈 때 엄마가 하는 말? 이기광(이기고왕)
공포영화를 봐도 놀라지 않는 사람은? 태연
'당신은 시골에 살지요' 를 세 글자로 줄이면? 유인촌(You in 촌)
신지가 화장을 진하게 하면? 누구신지
눈과 구름과 칼을 세 글자로 하면? 설운도
5월에 가장 활약할 것 같은 프로야구 선수는? 김동주(오월동주)
세종대왕이 한글을 사랑하면? 글러브
김정일이 키우는 소는? 정일우
샤이니가 다니는 학교는? 아미고
움직이는 총은? 이동건
스캔들없이 가장 깔끔한 연예인은? 노사연
김정일이 공을 살 때 하는 말은? 공산당
때리기로 소문난 축구선수는? 펠레
애밀졸라보다 더한 불효자는? 지미카트
김혜수가 재채기를 하면 나는 소리는? 엣지
소녀시대가 쓰는 기름은? 키싱유
아이비가 타는 차는? 유혹의 소나타
라디오 DJ들이 가장 싫어하는 연예인은? 노사연
일본대지진 이후 일본에 가기 두려운 연예인은? 지진ㅇ, ㅇ해일, ㅇ여진
청바지를 심으면? 심은진

매일 이가 보이는 사람은? 이보영
티아라가 쓰는 휴지는? 뽀삐
정준하가 다니는 대학은? 식신원정대
2AM이 가위와 주먹만 내는 이유는? 죽어도 못보내(제목)
가수 김흥국이 다닌 대학 둘은? 들이대, 해병대
정준하가 타는 리무진은? 야무진(야무지게를 강조하는 준하)
D가 잠을 자면? 잔디
시아준수가 돈을 달라고 하면? 샤머니즘(시아 머니 좀)
시아준수에게 차키를 달라고 하면? 샤키(키우는 개이름이기도 함)
시아준수가 싸우면? 샤워
남성그룹 2AM이 쓰는 무술은? 조권
빅뱅이 잘 내는 소리는? 암소소리(I'm so sorry)
걸그룹 시스타가 키우는 개는? 니까짓게(노래 제목)
이미자보다 두 배 노래 잘 부르는 사람은? 사미자
전유성 씨가 마술을 하면? 유성매직
궁예가 타고 다니는 차는? 에꾸스
넘어진 사람한테 일어나라고 하는 말은? 유인나

가장 셈을 잘 했던 왕은? 연산군
송혜교, 송대관, 송윤아의 공통점? 성동일
청바지를 가지고 있는 사람은? 소유진
차에서 코를 푸는 사람은? 차이코프스키
붉은 철이 아니라는 가수는? 노홍철
임선동 선수가 열 명 있으면? 선동열
아이돌 그룹 중 가장 나이가 많은 가수는? 임슬옹(2AM)
슈퍼주니어 신동 옆에 있는 사람은? 신동엽
현주 옆집에 사는 사람은? 현주엽
소녀시대가 못타는 동물은? 말(수줍어서 말도 못타고)
박찬호가 제일 싫어하는 연예인은? 강타
고소하다를 세 글자로 줄이면? 고소영
밖을 보다를 두 글자로? 박봄(2NE1 멤버)
인순이의 '밤이면 밤마다' 보다 더 야한 노래가사는? 현숙의 '낮이나 밤이나'

• 지명퀴즈 •

인도는 몇 시? 네시(인도네시아)
지나치게 겸손한 나라? 오만
가장 큰 만두는? 카트만두
팔이 많은 도시? 네팔
세상에서 제일 큰 코는? 멕시코
세상에서 가장 큰 콩은? 홍콩
권투선수가 많은 나라? 칠레
굶는 사람이 많은 나라는? 헝가리
경찰서가 가장 많이 불타는 나라는? 불란서
처녀가 많이 사는 지역은? 버지니아 주
총각이 많이 사는 지역은? 뉴자지주
처녀가 많이 사는 나라는? 뉴질랜드
빙빙돌면서 샤워하는 도시는? 워싱턴(washing turn)
노루가 다니는 길? 노루웨이
차도가 없는 나라는? 인도
데모를 많이 하는 나라? 우간다
날지 못하는 파리는? 프랑스 파리
제일 폭발하기 쉬운 나라? 부탄
계속 움직이는 나라는? 이동국
세상에서 가장 큰 차는? 아프리카
세상에서 가장 욕을 잘 하는 나라는? 뉴욕
여자만 사는 섬은? 여의도
정력 약한 도시? 시드니(채소장수도 싫어하겠네요)
프랑스에 사는 물고기는? 불어
살찐 사람들이 많이 사는 동네는? 개포동
조금 뚱뚱한 사람이 사는 동네는? 반포동
현금을 사용할 수 없는 동네는? 수표동
일원동, 삼전동 보다 싼 동네는? 노원동
어린이들이 좋아하는 동네는? 방학동
시청에서 가장 먼 동네는? 만리동

• 영어퀴트 •

눈이 아주 좋은 사슴은? good idea(굿 아이 디어)

눈이 없는 사슴은? no idea(노 아이 디어)

삶은 계란은? Life is egg

물은 셀프, 군만두는? 서비스

남대문은? 지퍼

'러 · 일전쟁' 은? 러시아워

만물상을? 파라다이스(팔아 다있어)

누룽지는? Babby brown(밥이 브라운)

택배는? Jim carry(짐 캐리)

장보고는? after shopping

소금은 salt, SALT는? 굵은 소금

'호랑이' 는 tiger, 이 빠진 호랑이는? tigr

'아름다움' 은 beautiful, 이유 없이 아름다운은? batiful

'좋다' 는 wonderful, 더없이 좋다는? wonful

'돌고래' 는 돌핀, '고래' 는? 핀

I love you long를 번역하면? 나는 너를 사랑하지롱

어린이 대공원을 영어로? 아이파크

Head는 머리, Line은 선, 그러면 Headline은? 가르마

나의 전용 간호사는 마이너스, 간호사 전용 담배는? 시그너스

KISS를 한자로 풀면? 설왕설래(舌往舌來)

'눈을 뜨라' 는 말의 세계적 공통어는? 아멘

All or Nothing을 우리말로? 모 아니면 도

바다 속이 지저분하면? 해저드 티(海底 dirty)

두산 오비가 경월소주를 인수한 이유? 경월(境越)이 OB(Out of bounds)

부산을 영어로? 버스안(Bu s an)

남자는 힘(him), 여자는? 허리(her 이)죠

뜨거운 강아지를 영어로? 핫도그(중국에서는 핫도그를 熱狗로 표현)

B(Birth:生)와 D(Death:死)사이 영어는? C(Choice:선택)

• 반대말 •

눈사람의 반대말은? 선 사람

미소의 반대말은? 당기소

대통령선거의 반대말은? 대통령 앉은 거

경찰서의 반대말은? 경찰앉아

살구의 반대말은? 지구

지구의 반대말은? 이기구

자가용의 반대말은? 커용

포항 앞바다의 반대말은? 포항 엄마다

죽이다 반대말은? 밥이다

딴소리 반대말은? 잃은 소리

안경 쓴 것 반대말은? 안경 단 것

졸업의 반대말은? 졸다운

딩동댕 반대말은? 땡

근현대사 반대말은? 그놈대사

오토바이의 반대말은? 오토헬로

다운로드의 반대말은? 다웃은로드

원더걸스 민선예의 반대말은? 앉은예, 당긴(민)앉은(선)아니오(예)

국회의사당의 반대말은? 국회환자당

아메리카의 반대말은? 아메리카노

스리랑카의 반대말은? 아리랑카

메롱의 반대말은? 메숏

공산주의 반대말은? 공판주의

전주 비빔밥의 반대말은? 다음주 자장면

사랑의 반대말은? 무관심

아이추워 반대말? 어른 더워

대장균의 반대말? 졸병균

사과의 반대말? 비난

허수아비의 반대말? 허수어미

빈잔의 반대말? 찬잔

• 고사성어 •

개인지도 개가 사람을 가르친다

고진감래 고생을 진탕하고 나면 감기몸살 온다

군계일학 군대에서는 계급이 일단 학력보다 우선이다

남녀평등 남자나 여자나 등이 평평하다

동문서답 동대문 서쪽에 답십리가 있다는 것은 모순이다

동문서답 동쪽에 문이 있으면 서쪽에 있는 사람은 답답하다

만사형통 모든 일은 형을 통해야 잘 된다

만수무강 만수네 집에는 요강이 없다

박학다식 박사와 학사는 밥을 많이 먹는다

발본색원 발기는 본래 색쓰는 근원이다

부전자전 아버지가 전씨이면 아들도 전씨이다

사고무친 포고(고스톱)를 하면 친구가 없다

사형선고 사정과 형편에 따라 선택하고 고른다

새옹지마 새처럼 옹졸하게 지랄하지 마라

아편전쟁 아내와 남편의 부부싸움

오리지날 오리도 지랄하면 날 수 있다

요조숙녀 요강에 조용히 쪼그리고 앉은 숙녀

원앙부부 원한과 앙심이 많은 부부

임전무퇴 임산부 앞에서 침을 뱉어서는 안 된다

절세미인 절간에 세 들어 사는 미친 여자

좌불안석 좌우지간에 불고기는 안심을 석쇠에 구워야 제 맛

천고마비 하늘에 고약한 짓을 하면 온 몸이 마비된다

천재지변 천 번 봐도 재수없도 지금봐도 변함없다

침소봉대 잠자리에서는 봉이 대접을 받는다

편집위원 편식과 집착은 위암의 원인 된다

포복절도 도둑질을 잘하려면 포복을 잘해야 한다

현모양처 현저하게 히프 모양이 양쪽으로 처진 아가씨

황당무계 노란 당근이 무게가 더 나간다

희노애락 희희낙락 노닐다가 애 떨어진다

• 반전문자메세지 개그 •

넌예쁜천사…난재봉틀살게
전부터생각했는데너라면…잘끓이더라
나이제말안할래….소할래

우리앞으로만나지말자….뒤로만나자
그게무슨말이야…얼룩말?조랑말?
나정말아파…트에살아
나의사랑….놀테니까너간호사랑놀아
너죽을준비해…난밥을준비할께
너무해…나배추할게
나 사실 널…뛰기선수야
너 혹시 날…파리잡아봤어?
너학교에서 못생겼다고 소문났어…난 망치생겼다구 소문났고..
실은정말사랑했어…바늘을
너만을…나양파…
넌 더이상 날생각하지마…날개도 없는주제에
너가 정말 원 한다면…난 네모 할께
원래는 너 많이 좋아해…구준엽도 너 좋아한데?
나 묻고 싶은게 있는데…삽좀줘
넌 왜 사니?…난 삼인데
너 돼질준비해!…난 상추준비할께
난 발이야…넌 소해!
절 사랑하세요?…전 교회를 사랑합니다.
이젠정말사는게싫어…팔아서돈벌고싶어.
나는 너의 전부…치는 실력알쥐?

난너보구시…퍼렇게 질렸어
다시만나줘…미역은 너줄께
나 미치기 일보직전이야…넌 '파' 칠준비해
I LOVE U…NITEL
널이렇게부르고싶어여보…슈
예쁜자기 우리자기…한국도자기

• 넌센스퀴즈 •

골프장에서 OECD에 들었다가 기부금으로 다 털린 경우? 기부업(give up)

롱게스트(longgest)를 하고도 파를 못해서 못 먹는 골퍼를? 롱게스트(wrong guest)

골프에서 마누라보다 더 무서운 것은? 내리막 옆라인 퍼팅

짝퉁이 오리지널보다 좋은 것 두 가지는? 애인, 연습 스윙

자기가 잘 못치고 캐디를 나무라는 골퍼를? 무지개매너(무지 개 같은 매너)

IOC란? 이것도 온이냐 선생님?(In-Out-Course)

골프장 치매 중 가장 심각한 증상은? 두발용 크림을 두 발에 바른다

논개는 논대로 쳐라 개띠야, 물방개는? 물론 방카지 개띠야

스몰은 스스로 몰리건, 물병은? 물에 빠졌어 병신아

MS란? Mark Sir

OB를 순우리말로? 나가수(나갔수?)

B to B란? Bunker to Bunker

MFS골프란? Manner, Fair, Smile

가슴 큰 여자가 널뛰기를 하면? 눈탱이가 밤탱이된다.

지렁이도 밟으면 꿈틀거린다. 그 이유는? 덜 밟아서

소가 가장 무서워 하는 말은? 소피 보러 간다

전화기로 세운 건물은? 콜로세움

가장 뜨거운 전화는? 화상전화

가장 무서운 전화기는? 무선전화기

폭풍우보다 무서운 비는? 낭비

가장 무서운 굴은? 니 얼굴

가장 무서운 새는? 니 생김새

직장에서 가장 무서운 상사는? 불상사

헌병이 가장 무서워 하는 사람은? 고물장수

물은 물인데 사람들이 가장 무서워 하는 물은? 괴물

애들이 가장 무서워 하는 탑은? 에펠탑

고양이를 무서워 하지 않는 쥐는? 박쥐

세탁소 주인과 카센타 주인이 좋아하는 차는? 구기자차

비가 좋아하는 담요는? 컴온요

물건을 파는 것을 제일 좋아하는 동물은? 판다
현역군인이 좋아하는 대학은? 제대(제주대학)

남자들이 좋아하는 집은? 섹시화보집
남자들이 좋아하는 여자는? 속 좁은 여자
여자들이 좋아하는 남자는? 서 있는 남자
소금장수가 좋아하는 사람은? 싱거운 사람
사람들이 가장 좋아하는 물은? 선물
공 중에서 사람들이 가장 좋아하는 공은? 성공
처녀가 가장 좋아하는 집은 시집, 노총각이 좋아하는 감은? 색시감
세상을 아름답게 고쳐 주는 꽃은? 수선화
'개조심' 이라고 쓰여진 집을 좋아하는 사람은? 개도둑
도둑 고양이가 좋아하는 금은? 야금야금
사오정이 좋아하는 음식은? 설렁탕
아이들이 좋아하는 도는? 닌텐도

장사꾼들이 싫어하는 경기는? 불경기
전축을 틀면 흘러나오는 소리는? 판소리
불교도가 좋아하는 돈? 석가머니
불교도가 좋아하는 비? 자비
하나님도 부처님도 다 싫어하는 비는? 사이비
법정 스님의 무소유가 절판이 된 이유는? 절(寺)판이니까
저절로 가는 사람은? 스님
절 입구 스님 용품 가게 간판 이름은? 중장비일체
스님이 갈 수 없는 길은? 중차량 진입금지
길거리에서 시주받는 스님을? 영업 중
'스님이 길을 가다 9를 보다' 를 세 글자로? 구본승
고속도로를 달리다 스님이 중간에 내리면? 중도하차
스님 전용 병실을? 중환자실
스님 열 명이 불공을 드리다가 쉴 때 어떤 자세로 쉬어야 하는지 불법(佛法)에 나와 있다는데? 열중 쉬어(드러누워 쉬면 不法)
스님 중에서도 좌파가 있을 수 있다를 한자로? 중도좌파(모두가 우파일 수 없지요)

오징어와 짱구의 차이는? 짱구는 못 말리고 오징어는 말릴 수 있다.
스님이 전혀 걱정하지 않는 병은? 탈모증

겨울에 스님이 쓰는 마스크를 한자로? 중구난방
도를 통한 스님이 가장 많은 절은? 통도사
스님만 유턴 할 수 있는 곳은? 불법유턴
남에게 먹여야 맛있는 것은? 골탕
사과를 영어로 애플, 한 번 베어 먹은 사과는? 파인애플(어? 매킨토시?)
두 번 베어 먹은 사과는? 더 파인애플
도둑이 좋아하는 아이스크림은? 보석바
오리가 좋아하는 과목은? 과학(과악과악)
어머니들이 싫어하는 거지는? 설거지
사람들이 가장 싫어하는 거리는? 걱정거리
드라큐라가 싫어하는 두 사람은? 찔러도 피 한 방울 안 나는 사람, 목에 때 낀 사람
도둑이 싫어하는 과자는? 누네띠네
화장품가게 주인이 싫어하는 여자는? 거울도 안보는 여자
운전기사가 싫어하는 춤? 우선멈춤
도둑이 싫어하는 아이스크림은? 누가바
어부들이 싫어하는 가수는? 배철수
엿장수가 가장 싫어하는 쇠는? 구두쇠
할머니가 싫어하는 악기는? 비올라
만두장수가 제일 듣기 싫어하는 소리는? 속 터진다
제빵왕 김탁구가 싫어하는 소리는? 빵터지는 개그
산타가 싫어하는 차는? 산타페(car & tea)
학생들이 싫어하는 나무? 야자

학생들이 싫어하는 책? 책피자
가장 빠른 닭은? 후다닥
죽은 닭은? 꼴까닥
세상에서 가장 야한 닭은? 홀딱
사업에 망한 닭은? 쫄딱
닭은 닭인데 먹지 못하는 닭은? 까닭

암탉의 친정은? 꼬꼬댁
안경이 들어가 있으면 안경집, 모래가 들어 있으면? 닭똥집
터미네이트가 먹는 닭은? 윙 치킨(소리)
독수리가 타면? 이글이글
정력 약한 남자가 한탄하며 이별 편지를 찢는 소리는? 발기발기
갓 구운 빵을 포장하는 끈은? 따끈따끈
겨울에 많이 쓰는 끈은? 뜨끈뜨끈
푸가 물에 빠지면? 어푸어푸
도둑이 도둑질하러 가는 걸음거리는? 털레털레
도둑이 훔친 돈은? 슬그머니
도둑이 와도 짖지 않는 개는? 도둑의 개
가장 멋진 춤은? 안성맞춤
가장 황홀한 춤은? 입맞춤
친구들과 술집에 가서 술값 안 내려고 추는 춤은? 주춤주춤
가장 보기 흉한 춤은? 엉거주춤
백인과 흑인 사이에 태어난 갓난아이의 치아색은? 치아가 없다
흑인들은 검은 색을 뭐라고 말할까? 살색
우는 사람을 두 글자로 줄이면? 흑인
텔레토비 뽀가 떠날 때 하는 인사는? 뽀빠이
텔레토비가 만든 안경점은? 아이 조아
텔레토비가 좋아하는 알파벳은? I(아이 조아)
보라돌이, 나나, 뽀가 밥을 먹는데 뚜비가 한 말은? 뚜비두밥
곰돌이 '푸' 가 가장 싫어하는 동물? 아기염소(푸를 뜯어 먹기 때문에)
머리를 감는 곰은? 샴 푸우
지구에 나나가 오면? 지구온난화
푸가 옥수수를 잃어 버리면? 콘푸로스트
흑인이 하지 못하는 것은? 썬텐
식인종이 밥투정 할 때 하는 말은? 에이 살 맛 안나
백인이 보드를 타면? 화이트 보드
독수리가 매에게 매맞고 엄마에게 이르는 말? 매가패쓰
울면 절대 안 되는 날은? 중국집 쉬는 날

가장 부지런한 곤충은 개미, 가장 게으른 곤충은? 대충대충

해가 울면? 해운대

자동차가 울면? 잉카

이영자가 울면? 운영자

남자가 여탕에 들어 가면? 불법무기 소지죄

여자가 남탕에 들어 가면? 방화죄

할아버지가 여탕에 들어 가면? 불량무기 소지죄(물총은 무기가 아니라서 훈방조치)

할머니가 남탕에 들어가면? 방화 미수죄

빌 게이츠가 라이벌 친구인 탐을 골려 주기 위해서 만든 발명품은? 탐색기(탐새끼)

하늘에는 총이 두 개, 땅에는 침이 두 개? 별이 총총 어둠침침

떼돈을 벌려면 어떤 사업을 해야 하나? 목욕탕

벼락부자가 되려면 어떤 사업을 하면 될까? 피뢰침 장사

앉아서 절을 하면? 좌절

길가에서 죽으면? 도사

하나를 듣고 열을 알면? 무당

TV는 리모컨으로 켠다. 끌 때는 무엇으로 끄는가? 용기

남자들은 모두 도둑놈, 세 글자로? 경험담

제일 인기 있는 톱은? 톱스타

창문에 창을 찔렀는데 비가 나지 않으면? 윈도우xP

아무도 믿을 수 없다는 사람이 가장 믿는 것은? 자기자신

한 사람은 너무 좁고, 두 사람은 적당하며, 세 사람은 너무 넓은 것은? 비밀

색연필들이 모여서 달리기를 하기로 했다. 모든 색연필이 출발을 했는데 초록색 혼자만 안 뛰자 관람객이 한 말? 가 그린

해의 오빠는? 해오라비(그래서 해는 여성)

가장 야한 노래 제목은? 꽃을 든 남자(꼬출 든 남자)

때밀이 하며 다니는 것은? 뱀

돈은 돈인데 사용하지 못하는 돈은? 사돈

두꺼우면 들어갈 수 있고, 얇으면 못 들어 가는 것은? 언 강 얼음

호랑이가 차를 타고 가다가 느리고 약한 동물을 보고 한 말? 타이거
조사를 받으면 바보가 되는 것은? 호구조사
백설공주는 무얼 먹고 죽었나? 나이

여름을 가장 시원하게 보내는 사람은? 바람난 사람
강가에 간 호랑이를? 강 간 범
훈장도 못 받으며 훈장이라고 하는 사람은? 훈장
호수의 달이 실제 달보다 더 큰 이유는? 불어서
파카츄가 귤이 잘 안 까질 때 부르는 노래? 언제언제까지나
노총각이 '언제언제까지나' 노래를 부르자 어머니가 한숨쉬며 한 말?
이놈아 장가가면 까진다
하느님의 든든한 지원군은? 보우하사(애국가)
'병든자여 모두 내게 오라' 고 하는 사람은? 엿장수
중국에서 사랑을 고백하면? 차이나
아무리 빨라도 앞차를 앞지를 수 없는 차는? 기차

가장 인정이 많은 학자는? 주자
실없는 사람에게는 있으나마나 한 것은? 바늘
산에서 '야' 하고 외친 여자를? 야한여자
불은 불인데 안 뜨거운 불은? 이불
낮에는 집에서 자다가 밤에만 나와서 일하는 것은? 이불
아침에는 말이가 되고, 저녁에는 후라이가 되는 것은? 이불
뒷다리는 한라산, 앞다리는 백두산, 머리는 지리산에 있는 말은? 거짓말
서울에서 부산까지 시속200km로 달리는 자동차가 한 시간 뒤에 어디에 있을까? 경찰서
작은 것은 잘 보이는데 큰 것은 잘 볼 수 없는 것은? 현미경
아무리 모아도 결국은 다 버리는 것은? 쓰레기
쓰레기통의 뚜껑을 덮는 이유는? 먼지가 들어 갈까 봐
당구는 몇 월에 치면 좋을까? 10월(당구풍월=서당개 삼년이면...)
사람이 늘 가지고 다니는 흉기는? 머리칼, 울화통
화장실 문을 두드리는 여자는? 똑똑한 여자
단골이 없는 장사는? 장의사

앞을 가려야만 잘 보이는 것은? 안경
진짜 놀고 먹는 사람은? 레크리에이션 강사
싹이 안트는 씨는? 아저씨
가장 더러운 강은? 요강
콩쥐의 깨진 독을 수리해 준 사람들은? 독수리 오형제
아기가 태어나면 의사가 엉덩이를 때리는 이유? 생일빵
세상에서 가장 추운 바다는? 썰렁해
펭귄이 타고 다니는 차는? 알레스카
아무리 예뻐도 미녀라고 못하는 사람은? 미남
서로 진짜라고 우기는 신은? 옥신각신
사람의 몸무게가 가장 많이 나갈 때는? 철 들 때
'턴' 이라고 하는 친구가 침대를 밀면? 배드민턴
'닉' 이라는 친구의 넥타이가 불에 타는 것을 보고 한 말? 타이타닉
'던' 이란 친구가 노래방에서 마이크를 독차지하자 한 말? 마이클 조 던
거지가 빨간 말을 타고 가는 것은? 새빨간 거짓말
머리로 들어가고 입으로 나오는 것은? 주전자
입으로 들어가서 배로 나오는 것은? 우체통
문제투성이인 것은? 시험지
나이를 먹을수록 젊어지는 것은? 사진
저팔계가 정육점에서 하는 말? 저팔게요

하얀 꽃만 파는 곳은? 백화점
물건을 사고도 받는 돈은? 거스름돈
거꾸로 들어도 바로 보이는 것은? 거울
세상에서 제일 큰 비는? 왕비
철새가 남쪽으로 날아가는 이유는? 걸어갈 수 없으니까
만원버스에서도 앉아 가는 사람은? 운전기사
친구와 싸울 필요가 없는 사람은? 친구가 없는 사람
가장 전통적인 공중변소는? 전봇대
손님이 뜸하면 돈을 버는 직업은? 한의사
진짜로 겉늙은 사람은? 경로석에 앉은 젊은 사람
오리가 얼면? 언덕

가장 빠른 개는? 번개
비올 때만 짖는 개는? 번개
몸집이 제일 큰 여자는? 태평양
여자는 무드에 약한데 남자는 무엇에 약할까? 누드
문은 문인데 닫지 못하는 문은? 소문
물없는 사막에서도 할 수 있는 물놀이는? 사물놀이
세상에서 가장 황당한 미용실 이름은? 버르장머리
못생긴 여자가 지나가는 잘생긴 남자 옆구리를 찌르는 이유? 못 먹는 감 찔러나 보려고
오른손으로 들어도 왼손으로는 들지 못하는 것은? 왼손
창으로 찌르려고 할 때 하는 말은? 창피해
곤충을 3등분 하면? 죽는다
달리기에서 앞서가는 2등을 추월하면 내 순위는? 2위
펭귄이 다닌 중, 고, 대학은? 냉방중 – 냉장고 – 빙하시대
배울 만큼 배워도 배우라고 하는 사람은? 배우
파리 중에 가장 무거운 파리는? 돌팔이
가장 가벼운 사냥 기구는? 파리채
날아다니는 파리까지 떨어뜨리는 정확성을 가진 무기는? 에프킬라
죽었다 깨어나도 못하는 것은? 죽었다 깨어나는 것
가장 큰 컵은? 월드컵

새 발의 피로 팔자 고친 사람은? 흥부
땅투기군과 인신매매자를 일곱 글자로? 땅팔자 사람팔자
아마존에는 누가 살까? 아마 John
서울에서 부산 가는 KTX가 1시간 뒤에 어디를 달리고 있을까? 철도
가죽 먼저 벗기고 털을 뜯는 것은? 옥수수
자기 전에 먼저 해야 할 일은? 눈감기
미치기 일보 직전일 때는? 피아노 '레'를 쳤을 때
안방의 5대 전쟁(war)은? 샤워, 세워, 누워, 끼워, 고마워(잘못했을 때는 집어 치워)
63빌딩에서 유리를 닦다가 떨어졌는데 멀쩡했다. 이유는? 안에서 닦았다
63빌딩에서 만원짜리를 떨어뜨리면? 아깝다

성현들의 초상화를 쉽게 볼 수 있는 곳은? 지갑
돈이 놀라는 소리? 에구머니
고슴도치가 동굴 속에 들어가 거품을 내며 목욕하는 것은? 양치질
사자와 하마가 백화점에 가서 물건을 살때 사자는 이거 사자, 하마는? 그리 하마
주식거래를 잘하는 동물의 팔자는? 사자팔자

일단은 안 해도 되는 것은? 구구단
치아 가운데 충치가 생긴 것은? 피아노
다 자랐는데 계속 자라라고 하는 것은? 자라
화장실에서 볼일 보고 나온 사람은? 일본사람
높은 곳에서 애를 낳으면? 하이애나
애 낳다가 죽으면? 다이애나
경찰차는 폴리스 카, 소방차는 파이어 카, 구급차는? 앰블런스
야구보고 놀란 사자? 놀란 라이언
가장 착한 사자는? 자원봉사자
명자(明子)는 아키꼬, 화자(花子)는 하나꼬, 고자는? 우야꼬
독수리에게 펜레터가 쇄도했는데 가장 멋진 글을 고르라고 했더니 하는 말? 이글
독신할머니와 설교 잘 못하는 목사와의 공통점은? 영감없다
가장 심한 치매는? 화장실에서 큰 볼일 보고 휴지로 입만 닦고 나올때
세상에서 가장 가벼운 것은? 거시기(생각만으로도 들어 올릴 수 있으니까)
화장실에서 먼저 하는 일은? 문 잠그는 일
아침에 일어나면 먼저 하는 일은? 눈을 뜬다
라면을 끓일 때 먼저 하는 일은? 물을 붓는다
산은 산인데 못 오르는 산은? 우산

비는 비인데 내리지 않는 비는? 홀아비
터지면 터질수록 좋은 것은? 복
검둥이와 흰둥이가 싸우는 것은? 바둑
중국 쇼트트랙 선수 중 가장 많이 얼어 맞은 선수는? 왕멍
'우리에게 내일은 없다' 고 한 창시자는? 하루살이
서울에 산이 없으면? 서울산업대

전화기가 다닌 중학교는? 부재중
가장 지루한 중학교? 로딩 중
포경수술의 순우리말은? 아주까리
입으로 먹지 않고 귀로 먹는 것은? 욕
남녀가 자고 나면 생기는 것은? 눈꼽
두 장에 두 장을 더하면? 사장
보지 못하는 눈은? 티눈, 쌀눈
양심있는 사람이나 없는 사람이나 모두 시커먼 것은? 그림자
못생긴 사람 ET라 부르면 화내는 이유는? 침이 튀니까
누워 잤는데도 서서 잤다고 하는 것은? 선잠
들어가는 구멍은 하나인데 나오는 구멍은 둘인 것은? 바지
개똥을 약에 쓰려면? 보건복지가족부 허가를 받아야 한다.
담배가게 주인이 동물원에 간 이유? 말보르(말보러)
제과점 주인이 동물원에 간 이유? 소보르(소보러)
성인이 된 후에도 찾아 뵙기 싫은 선생님은? 의사선생님
하늘의 별 따기보다 더 어려운 것은? 하늘의 별 달기
피카추가 장초를 줍고 하는 말? 피까피까
피구왕 통키의 대답은? 피구 왕
소금을 가장 비싸게 파는 방법? 소와 금을 나누어 판다.
양말을 가장 비싸게 파는 방법? 양과 말을 나누어 판다.
짚차를 가장 비싸게 파는 방법? 집과 차를 나누어 판다.
사방이 꽉 막힌 아가씨는? 엘레베이터 걸
머리를 감을 때 제일 먼저 감는 부분은? 눈
행주와 가장 친한 거지는? 설거지
울다가 그친 사람은? 아까운 사람
감은 감인데 못먹는 감은? 영감
가장 덩치가 큰사람? 산만한 사람
육지에 사는 고래는? 술고래
수영을 못하는 사람이 물에 빠져서 만나는 적은? 허우적
물에서 태어났으면서도 물에 들어가면 죽는 것은? 소금
자기가 해놓고 모른다고 시침떼는 것은? 잠꼬대

미꾸라지가 크면? 미꾸엑스라지
함께 자는 개는? 베개
조금만 나와도 쑥 나왔다고 하는 것은? 쑥
세종대왕이 가장 아끼는 성은? 백성
책은 책인데 읽을 수 없는 책은? 주책
사각형이 분명한데 원이라고 하는 것은? 돈
아무리 재주가 뛰어나도 낮이 아니면 할 수 없는 일은? 낮잠
계획을 완수하겠다는 의지를 꺾는 바이러스는? EJ90000(이제 그만)
북극에 사는 용의 이름은? 추워용
이 세계가 흔들리면? 치과로 간다
전세계 어디에도 네 개 밖에 없는 것은? 동서남북
모두를 벗게 하는 식물은? 버섯
바지가 잘 흘러내리기로 유명한 대통령은? 루즈벨트 대통령
영어, 중국어보다 많은 말은? 거짓말
거짓말을 하면 할수록 느는 것은? 속는 사람
달콤한 라면은? 그대와 함께라면
가장 큰 총을 가지고 있는 사람은? 왕건
비로써 인정받은 사람은? 환경미화원
미국은 달러, 영국은 파운드, 일본은 엔, 호주는? 호주머니
왕이 헤어질 때 하는 인사는? 바이킹
창문 100개 중 두 개가 깨지면? 윈도우 98
프랑스에 단 두 대 밖에 없는 사형기구는? 단두대
의자왕이 탔던 차는? 체어맨
잡상인이 많은 나라는? 사요나라
미국항공우주국(NASA)와 친한 친구는? 망치와 펜치
등 쳐먹고 사는 사람은? 안마사
신이 날아 다니면? 신난다
모래가 우는 소리는? 흙흙
대구에서 서울로 데이트하러 오면? 업데이트
동생이 열두 걸음, 형은 한 걸음 떼는 것은? 시계
씨름선수들이 한 줄로 늘어서 있으면? 장사진

국사책을 태우면 불국사, 난로 위에 수학책을 올려 두면? 수학익힘책
전쟁 중에 장군이 가장 받고 싶어하는 복은? 항복
깨고도 칭찬받는 사람은? 신기록 갱신자
빅뱅의 태양의 전속기자는? 해리포터
가장 뜨거운 양은? 태양
비가 빅뱅멤버가 되지 못한 이유는? 태양을 피하고 싶어서
태양이 왕이 되면? 해킹
왕실에서 돈 관리자는? 세자
경찰에게 아들 하나 있는데, 아빠가 의사라면 엄마는? 경찰
가장 빠른 곤충은? 바퀴벌레
사회가 망하면? 사회과부도
역사가 가장 오랜 절은? 개천절
속담 중에 가장 말이 안 되는 것은? 뒤로 넘어져도 코가 깨진다
논에서만 멈추는 버스는? 논스톱 버스
'문을 파는 사람' 은? 세일러문
달에 있는 사람을 부르는 말은? 달인
아이스크림이 죽으면 다이하드, 얼음이 죽으면? 다이빙
소금이 죽으면 죽염, 아몬드가 죽으면? 다이아몬드
소가 죽으면? 다이소
바람이 불면 흔들리지 않고, 바람이 불지 않으면 흔들리는 것은? 부채
여름에 바람을 많이 피우는 것은? 부채
세균 중에 계급이 높은 세균은? 대장균
신의 조상은? 갓(god)난 아기
천재남편과 바보아내가 낳은 아기? 갓난아기
이혼하지 않는 비결은? 미혼으로 산다.
아주 오래 건설된 다리는? 구닥다리
음력설날 버리는 물은? 구정물
눈 오는 날만 장사하는 직업은? 안과의사
물에 젖으면 안되는 것? 짱구(짱구는 못말려)
계속 안녕만 하면? 오토바이
곰이 흥분하면? 불곰

코끼리 두 마리가 싸우다가 둘 다 코가 빠지면? 끼리끼리
수업시간에 잠을 자는 이유는? 꿈을 갖기 위하여
오줌 잘 싸면 오줌싸개, 빨리 싸면? 잽싸게

옷장 안에 불이 나면? 장안의 화재
언제나 용서를 비는 나무는? 사과나무
못 팔고도 돈 번 사람은? 철물점 주인
많이 맞을수록 기분 좋은 것은? 시험문제
날마다 가슴에 흑심을 품고 있는 것은? 연필
스튜어디스가 비행소녀라면, 엘리베이터 걸은? 사방이 꽉 막힌 여자
칠을 칠하다 페인트를 뒤집어 쓴 사람은? 칠칠 맞은 사람
돼지가 꼬리를 흔드는 이유는? 꼬리가 돼지를 흔들지 못하기 때문
절벽에서 떨어지다가 나뭇가지에 걸려 살면? 덜 떨어진 사람
첫날 밤 신랑이 아내를 침대에 던졌는데 신부가 기절했다. 이유는? 돌침대라서
삼성은 있고 현대는 없다, 강남은 있고 강북은 없다, 오리는 있고 백조는 없다. 무엇일까? 전철역
천자문 첫 자(하늘 天)와 둘째 자(땅 地)의 차이는? 천지차이
백두산에 올라가서 천지를 본 사람과 못 본 사람의 차이는? 천지차이
절벽으로 떨어진 만원버스에 부상자가 한 명도 없는 이유는? 전원사망
큰 꿈을 꾸는 나무는? 왕꿈틀이(왕꿈tree)
얼굴이 예쁜데 속이 텅 빈 여자는? 마네킹
가장 예쁜 알파벳은? E(EFG, 이예쁘쥐)

중, 고등학생이 타는 차는? 중고차
영상통화의 부작용은? 화상
뱀이 불타면? 뱀파이어
바흐와 헨델의 관계는? 부부(음악의 아버지, 음악의 어머니)
제비족에게 최초로 당한 여자는? 놀부마누라
여섯 가족이 옥상에서 떨어졌는데 모두 살았다. 그 이유는? 할아버지는 제비족, 아빠는 기러기 아빠, 엄마는 새엄마, 딸은 날라리, 아들은 비행청소년, 막내는 덜 떨어진 아이

63빌딩에서 떨어져도 살 수 있는 방법은? 1층에서 뛰어 내린다
흥부가 쫓겨 난 다섯 가지 이유? 저 흥분돼요, 쌀 얻어러(?) 왔어요, 서 있는 데요, 사정(?)하러 왔어요, 제가 (빨래) 빨아드릴께요
청소하는 여자를? 청소년

새와 말을 합치면? 조랑말
오락실을 지키는 두 마리 용은? 1인용, 2인용
화장실을 지키는 두 마리 용은? 신사용, 숙녀용
신이 화가 나면? 신발끈
공을 차려다 신발이 날아간 아이는? 신나는 아이
발버둥치는 사람들만 모인 곳은? 수영장
머리에 총을 맞아도 살 수 있는 방법은? 총알만 맞지 않으면 된다
노사분규 해결사는? 세종대왕, 이율곡, 이퇴계, 이순신, 신사임당(화폐모델)
새신랑과 안경 낀 사람의 공통점은? 벗으면 더듬는다
남자가 뛸 때 하나, 여자가 뛸 때 두 개가 흔들리는 것? 넥타이와 귀걸이
이 세상에서 가장 센 것? 머리카락(단단한 돌을 뚫고 나오니까)
하늘에서 콩이 두 개 떨어지면? 스카이 콩콩

비가 올 때 하는 욕은? BYC(비가 올 때 입는 속옷은?)
내시경 검사는 몇 시가 좋을까? 공복인 새벽 4시경
서울시민 모두가 동시에 고함 지르면? 천만의 말씀
양초가 가득 차 있는 상자를 세 글자로 줄이면? 초만원
창피한 것도 모르고 체면도 없는 사람의 나이는? 네 살(넉살)
종달새 수컷이 암놈을 부르는 소리는? 지지배(배)
암탉이 수탉을 부르는 소리? 꼭끼워
머리가 수염보다 빨리 희어지는 이유? 머리가 수염보다 20년 빨리 나서
법적으로 바가지요금을 받아도 되는 직업? 바가지 장사
그 때 그 사람을 두 글자로? 아 걔
일본이 우리 땅 독도를 자기네 타께시마라고 우기는 이유? 맛있겠다(타께시마를 거꾸로 하면)
스시마를 거꾸로 하면? 맛있어

하얀 집은 화이트 하우스, 푸른 집은 블루 하우스, 그럼 투명한 집은?
비닐하우스
춤 같이 추시겠습니까를 충청도 사투리로? 출 텨?
보신탕 드실 줄 아십니까를 충청도 사투리로? 개 혀?
누구나 가지고 있는 금은? 손금
물로 만든 고양이는? 물로켓

지옥으로 간 고양이를 네 글자로 줄이면? 헬로키티
장사를 가장 잘하는 고양이는? 슈퍼마켓
슈퍼맨과 하늘을 같이 나는 말은? 슈퍼마리오
책은 책인데 못읽는 책은? 속수무책
무엇이든지 혼자 다 해 먹은 사람은? 자취생
별 중에 가장 슬픈 별은? 이별
유명연예인끼리 싸우면? 스타워즈
실패하면 살고 성공하면 죽는 것은? 자살
여자에게 두 개가 있고 젖소에게 네 개가 있는 것은? 다리
쓰기는 쓰는데 읽을 수 없는 것은? 모자
커다란 입으로 머리만 먹는 것은? 모자
상인들보다 농부들이 더 잘파는 것은? 땅
팥쥐의 깨진 독을 수리해 준 사람은? 독수리 오형제
아빠가 일어나면, 엄마는 책보는 곳은? 노래방
공처가, 애처가, 경처가의 공통점은? 남자
얇으면 들어갈 수 없고 두꺼워야 들어갈 수 있는 것은? 얼음판
모든 소들이 밭에서 일하고 있는데 옆에서 놀고 있는 소는? 깜찍이 소다
가장 아름다운 개는? 무지개
잡지 못하는 개는? 안개, 무지개
가장 더러운 개는? 꼴불견

먹고 살기 위해 하는 내기는? 모내기
목수도 고칠 수 없는 집은? 고집
못사는 사람들이 하는 직업은? 목수
무가 눈물을 흘리면? 무뚝뚝
양파를 까면 깔수록 나오는 것은? 눈물

풍뎅이 중에 가장 오래 사는 풍뎅이는? 장수풍뎅이
인정도 없고, 눈물도 없는 몹쓸 아버지는? 허수아비
허수아비의 아들은? 허수
자기들만이 옳다는 사람들만 사는 집은? 고집
사람의 신체 일부를 볶아 먹고 사는 사람은? 미용사
'섹시하다'를 북한말로? 박음직스럽다
창고를 반으로 자르면? 반창고
전세계가 불타면? 뒤집는다(전 세 개)
거꾸로 매달린 집에 수십 개의 문이 있는 것은? 벌집
동물원의 배고픈 사자가 철창 밖에 있는 사람들을 보고 한 말은? 그림의 떡
가수 호란이 병원에 입원을 하면? 병자호란
'요즘병원 의사는 정신과가 대세이다'를 세 글자로? 정대세
(과거에는 안과, 피부과, 성형외과 순서인 안피성, 현재는 정형외과, 재활의학과, 영상의학과 순서인 정재영)
머리가 두 쪽으로 갈라져도 죽지 않는 것은? 콩나물
하늘이 파란 이유는? 구름이 없어서
얼굴은 여섯이고 눈은 스물 하나인 것은? 주사위
파이는 파이인데 못 먹는 파이는? 와이파이
수박이 수박인 이유는? 그럴수밖에
바닷가에서 해도 되는 욕은? 해수욕
속이 거북한 동물은? 거북이
삼각형의 동생은? 삼각
놀부의 여동생은 놀순이, 남동생은? 흥부
집이 달리면? 홈런
개구리 짝은? 폴
아버지만 가는 놀이동산? 부동산
헤라가 속한 반은? 헤라클레스
별 세 개가 타고 있다를 네 글자로? 삼성화재
오리의 변은? 변덕
토끼의 특기는? 토끼기
건드리면 안되는 세 가지? 여비서, 사자콧털, 남편의 퇴직금

수입맥주 1위 호가든이 저탄소녹색성장시대에 각광받는 이유? 好 Garden

우리 나라 최대의 지하조직은? 서울메트로

미역장수가 가장 좋아하는 산은? 해산

가기만 하고 돌아오지 않는 것은? 세월

역사가 가장 깊은 회사는? 세계사

현빈이 좋아하는 종교는? 송혜교

슈퍼맨의 가슴에 새긴 'S' 는? SPAN의 약자

슈렉엄마가 가입한 모임은? 녹색어머니회

사과 먹다가 벌레 몇 마리가 나오면 기분이 나쁠까? 반마리

약삭빠른 사람이 좋아하는 술? 처세술

신혼부부가 좋아하는 성경은? 애배소서

신혼부부가 싫어하는 성경은? 갈라디아서

미항공우주국(NASA)와 친한 공구는? 망치

국에 든 고기는? 국어

가장 까칠한 새는? 까치래요

엄처시하에 사는 사람은? 엄씨 부인을 가진 사람

'미닫이 문' 을 소리나는 대로 쓰면? 드르륵

고기 먹을 때 따라오는 개는? 이쑤시개

뼈가 있는 방은? 골룸, 골방

못생긴 여자의 스카프를 무엇이라고 할까? 호박잎

거지는 어떤 여자와 결혼하면 굶어 죽지 않을까? 밥통 같은 여자

양품점 점원 아가씨와 총각 손님 사이에 오가는 정이 있다면 무슨 정일까? 흥정

한 방울 더하기 한 방울은? 쌍방울

환자 중에 힘을 가장 많이 쓰는 환자는? 임산부, 변비환자

뉴코아 백화점이 무너지지 않는 이유? 리본으로 묶어 나서

에리자베스, 박세리, 박찬호의 공통점은? 모자를 쓴다, 공주 출신이다, 공을 가지고 논다(필립 공)

가짜 휘발유를 만들 때 가장 많이 들어가는 재료는? 진짜 휘발유

'소가죽을 입고 사는 황금벌레' 를 여섯 자로 하면? 우피 골드 버그

병아리가 제일 좋아하는 약은? 삐약

미국에서 식당을 일컫는 말은? 밥샵
임꺽정이 타고 다니는 차는? 으라차차차
돈벌이에 눈이 먼 아비는? 장물아비
플레이 보이들이 가장 즐기는 놀이감은? 바람개비
긴긴 밤이 외로워 죽겠다는 아비는? 홀아비
화장실에서 화장지가 떨어졌을 때 하는 행동은? 줍는다
전유성씨가 만든 가장 멋진 보신탕집 브랜드는? 어제 밤 효과 보신탕
식당에서 가장 좋아하는 축구팀은? 박지성의 맨유(메뉴?)
늘 기다리는 중학교는? 대기 중
상인들이 나온 중학교는? 판매 중
개는 개인데 쓴 것은? 쓸개
눈이 비명을 지르면? 아이스크림
두 눈에 바르는 크림은? 아이스크림
눈과 비의 온도는? 5도(눈이 오도다)
죽은 생선으로 회를 뜨면? 사회
비타민이 욕을 하면? 비타민C
인도에서 가장 유명한 점쟁이는? 알간디 모르간디
일본에서 가장 유명한 수도 국장은? 무라까와 쓰지마
프랑스 최고의 요리사는? 다드숑
노래를 제일 잘하는 프랑스인은? 샹송 부르숑
중국의 고스톱 황제는? 왕창따
넣으면 행복하고 흔들면 즐겁고 빼면 아쉬운 것은? 저금통
먹고 살기 위해 한 가지씩 배워 두면 좋은 술은? 기술
에프엑스 안티카페 이름은? 역함수
해외여행에서 어디를 가면 대만족할까? 대만(대만족)
가장 달콤한 라면은? 당신과 함께 라면
감이 죽으면? 감전사
남자들이 좋아하는 집은? 섹시 화보집
사람의 욕심을 한 글자로 하면? 더
바둑을 둘 때 해서는 안될 행동은? 악수

발바닥이 한 가운데가 둥근 이유는? 지구가 둥그니까

기독교인이 먹는 믿음의 두 약은? 구약, 신약
'쥐가 어디 갔을까' 를 세 글자로? GOD
눈 깜박할 사이에 돈 버는 사람은? 사진사
책은 책인데 못 읽는 책은? 속수무책
어부가 가장 싫어하는 노래는? 바다가 육지라면
매일 아침마다 절받는 것은? 세숫대야
우리나라 꼬마들도 잘 아는데 외국에는 어른들도 잘 모르는 것은? 한글
경찰에게 아이가 하나 있는데, 아버지가 의사라면 경찰은? 엄마
스페인 수도는 마드리드, 에스파니아 수도는 마드리드, 부녀회장을 스페인어로? 마더리드(mother leader?)
'미닫이' 를 소리나는 대로 쓰면? 드르륵
굴을 싱싱하게 먹을 수 있는 시기? 알파벳 '알(r)' 이 들어 있는 달, 즉, 9월(september)~다음 해 4월(april)
보이차를 마시면 젊어지는 이유는? BOY처럼 젊어진다
가스가 떨어졌는데, 밥은 아주 맛있게 잘 되었다. 이유는? 전기밥솥에 했다
불을 끄지 않고 도저히 잠을 이룰 수 없는 사람은? 소방관
'인생은 짧고 예술은 길다' 를 다섯 글자로 하면? 인생 예에~~~술
추운것과 더운것 중 어느것이 더 고통스러울까? 더운 것(추위는 한대, 더위는 열대)
결혼을 해야만 생기는 돈은? 사돈
얼음이 녹으면 물이 되고, 눈이 녹으면 무엇이 될까? 봄
조물주가 인간을 진흙으로 빚었다는 증거는? 열 받으면 굳어진다
목에 깁스를 한 사람은 어떻게 잠을 잘까? 눈을 감고
계를 좋아하는 사람이 계가 깨져서 부도나면 하는 계는? 삼십육계
모기가 좋아하는 은행은? 혈액은행
파만 좋아하고 보기를 싫어하는 시인은? 소월(나 보기가 역겨워)
가장 싼 국산차는? 십전대보차
남자아이 여러 명이 낚시를 하면? 보이스 피싱
호떡이 보톡스를 맞으면? 호빵

스토리텔링

알까기 건배사 200

엮은이 | 윤선달

펴낸곳 | 도서출판 선암사
펴낸이 | 정재형

찍은날 | 2011년 11월 11일 초판발행
2014년 11월 26일 17쇄발행

표지만화 | 이현세
내지그림 | 조상제
북디자인 | 이희화

편집 · 제작 | 엠아이컴

출판등록 | 2006년 7월 19일(제2-4428호)
주소 | 서울시 중구 중림동 500번지 대우디오센터 127호
전화 및 팩스 | 02)2128-0353, 2128-0352
메일 | micom114@naver.com

값 8,000원
※파본이나 잘못된 책은 바꾸어 드립니다.
ISBN 978-89-958426-7-6